当代世界德育名家译丛
杨晓慧　主编

Thomas Ehrlich
托马斯·欧利希
文集

连接的纽带
学生的学分何以塑造高等教育

Jane V. Wellman Thomas Ehrlich
[美]珍·韦尔曼 托马斯·欧利希 | 编

王 娜 李 娜 | 译

生活·讀書·新知 三联书店

Simplified Chinese Copyright © 2024 by SDX Joint Publishing Company.
All Rights Reserved.
本作品简体中文版权由生活·读书·新知三联书店所有。
未经许可,不得翻印。

图书在版编目(CIP)数据

托马斯·欧利希文集/(美)托马斯·欧利希主编;王小林等译. —北京:生活·读书·新知三联书店,2024.7
ISBN 978-7-108-07520-8

Ⅰ.①托…　Ⅱ.①托…②王…　Ⅲ.①社会科学－文集　Ⅳ.①C53

中国版本图书馆 CIP 数据核字(2022)第 182153 号

总　序

一

马克思说:"一个时代的迫切问题,有着和任何在内容上有根据的因而也是合理的问题共同的命运:主要的困难不是答案,而是问题。"比较思想政治教育的兴起既是世界多极化、经济全球化、社会信息化与文化多样化背景下的必然之举,也是学科发展到一定阶段进行观念反思与议题创新的应然选择。

历史从哪里开始,思想进程也应当从哪里开始。和平与发展是当今时代的主题,世界多极化不可逆转,经济全球化深入发展,综合国力竞争日趋激烈。实现中华民族伟大复兴是近代以来中华民族最伟大的梦想,随着中国特色社会主义逐渐迈入新时代,社会矛盾发生深刻变化,提出并推进人类命运共同体思想是在新时代的历史方位中实现中国梦的战略需要。通过挖掘和利用国际合作与交流工作的基础性、前瞻性和引领性的潜力和特点,努力加快宽领域、高层次国际合作与交流步伐。

思想政治教育理应与时代同行,与实践同行,思时代之所思、问时代之所问、急时代之所急,并在最新的实践命题中提取理论命题,在最新的社会实践中检验理论生命力。值此百年未有之大变局,思想政治教育需要从本学科视角出发审视时局并明确自身的使命担当。加强对学生思想政治教育的重视,是立足于新时代教育对学生德育教育的重视的教育内容,是学生成长和发展的重要基础。对于学校而言,思想政治教育的有效开展是促进学校教育改革的重要方式;对于国家及社会的发展而言,思想政治教育有利于保障人才培养的品德修养,是培养德才兼具型人才的重要教育内容;对于学生自身而言,思想政治教育是保障其符合新时代社会发展需求的重要方式,是促进其身心健康、持续发展的重要保障。

拥有宽广的国际视野,对思想政治教育研究者和工作者来说,是不可逆转的发展要求,也是比较思想政治教育在新的发展态势下找准生长点、走特色人才培养道路的必然选择。在对外人文交流中确立比较思想政治教育研究的角色既是实践经验的总结,也是发展模式的探索。开展国际间思想政治教育比较研究对于认识和把握人类社会发展规律具有重大意义,可以指导人们更好地进行社会实践活动;比较的目的在于辨别事物的异同关系,谋求背后的一般规律,以服务于社会现实需要;进行比较要以共同点为前提,立足各国事实情况,不能回避和掩饰问题的实质;在具体的比较过程中,既要以联系的眼光综合运用纵向比较与横向比较,又要以整体性思维处理好比较中的整体与部分、一般与特殊的关系。

二

思想政治教育学是一门研究思想政治教育现象、问题并揭示思想政治教育规律的科学。在这个"历史向世界历史转变"的时代,只有通过比较的研究方法对思想政治教育研究进行时间与空间双重维度的拓展,深入解析不同历史时间和空间地域下的思想政治教育实践的具体样态及其生成发展规律,才有可能深刻把握思想政治教育演变发展的一般规律,为思想政治教育创新发展提供理论基点,探寻现实进路。

党的十八大以来,思想政治教育理论研究与实践创新取得很大成绩。但随着国际形势深刻变化和国内经济社会发展,新情况新问题新挑战层出不穷。思想政治教育要跟上形势变化、更好发挥作用,必须强化人本意识、问题意识、实践意识,不断开拓创新。思想政治教育比较研究的价值追求不止在于寻找异同,更在于透过现象看到其背后蕴含的本质性规律,深入理解、借鉴和反思世界各国思想政治教育实践活动。思想政治教育的比较研究进行得越是深刻和精准,我们越能接近思想政治教育的本质规律。以深入开展思想政治教育比较研究为主要切入点,我们亟待提升以"比较思维"为核心的思想政治教育研究格局,超越单一视域的思维阈限,拓宽传统思想政治教育学的认识边界,进一步强化思想政治教育在理论上的学理性和在实践上的适用性。

思想政治教育学自 1984 年确立以来,其主干学科逐渐由"三足鼎立"(原理、历史、方法)的结构体系演变为"四维驱动"(原理、历史、方法、比较)的发展态势。为了使国际比较研究与其他基础理论研究形成正反馈机制,就必须更加全面、深刻、科学、高效地借鉴。基于此,根据学界业已形成的丰富成果与思想观点,从认识论与方法论的视角体察探究思想政治教育国际比较的借鉴问题就显得至关重要。只有积累了一定的国别研究成果和比较研究成果,才能进一步探讨借鉴问题。当比较思想政治教育学科发展到一定阶段后,只有探明借鉴问题,才能更好地展现出其对于促进思想政治教育学科议题创新与观念反思的重大价值。在对外人文交流中确立比较思想政治教育研究的角色既是实践经验的总结,也是发展模式的探索。

总之,无论是从时代背景、文化背景,还是学科背景出发,思想政治教育国际比较的借鉴问题研究都势在必行。

三

我国比较思想政治教育兴起于20世纪80年代中后期。经过多年的建设,比较思想政治教育的发展已经初具规模。2016年5月17日,习近平在哲学社会科学工作座谈会上指出:"观察当代中国哲学社会科学,需要有一个宽广的视角,需要放到世界和我国发展大历史中去看。"2019年3月18日,习近平在学校思想政治理论课教师座谈会上又强调,教师的视野要广,包括知识视野、国际视野、历史视野,要能够通过生动、深入、具体的纵横比较,把一些道理讲明白、讲清楚。拥有宽广的国际视野,对思想政治教育研究者和工作者来说,是不可逆转的发展要求,也是比较思想政治教育在新的发展态势下找准"生长点"、走特色人才培养之路的必然选择。比较思想政治教育学的研究成果丰硕,包括著作译介、事实描述、要素比较与因果分析,对于比较后借鉴的可能、立场、内容与方略等问题的研究则显得相形见绌。

新时代背景下,开展思想政治教育比较研究具有很强的指导意义,同时也极具挑战。首先,"比较"应当甚至必须作为一种科学的研究方法,应用于哲学社会科学和自然科学研究领域之中。其次,"比较"不仅是一种具体的研究方法,还具有重要的方法论意义。比较研究为人们分析不同历史时代和不同社会的意识形态及其教育提供了科学的认识工具。最后,"比较"更是一种思维方式,这种思维方式理应贯通于整个思想政治教育研究的过程之中。"比较"不单从方法工具层面,更是从思维方式层面赋予了思想政治教育比较研究重要的价值意蕴。

从思想政治教育的时代背景和学科立场出发,我们精选国外思想政治教育相关领域较具权威性、代表性、前沿性的力作,推出了具有较高研究价值与应用价值的系列翻译作品——《当代世界德育名家译丛》(以下简称"译丛")。该译丛是东北师范大学思想政治教育研究中心(以下简称"中心")推出的"比较思想政治教育研究"系列成果之一。我们秉承"以我为主、批判借鉴、交流对话"的基本原则,"聚全球英才、育创新团队、塑国际形象"的建设理念,对国外著名学者的研究成果进行了深度透视与全面把握,意在拓展原有论域,进一步深化学术研究、强化学科建设、服务国家需要。

译丛作品的原作者均在全球范围内享有学术盛誉,具有深厚的理论功底和丰富的实践经验,将这些国外德育名家的研究成果集中翻译并结集出版,高度体现了中心以全局性、世界性的眼光认识问题,致力于推动人文社会科学研究的范式创新与人文社会科学的繁荣发展。

译丛主要面向四大读者群:一是教育学、政治学、社会学、思想政治教育学等领域的科研工作者,二是教育主管部门决策者、高校辅导员、政府相关部门等行政人员,三是思想政治教育、道德教育、比较教育等相关专业的本科生与研究生,四是广大对相关主题感兴趣的学者、教师,以及社会各界人士。

译丛在翻译过程中特别注意原作者真实观点的阐释,同时立足于马克思主义根本立场、观点和方法,坚持中国特色社会主义道路的行动指南,对所选书目及其内容进行甄别。译丛在翻译过程中,由于需努力精准呈现原作者的思想,难免涉及国外的价值取向和意识形态,请所有读者在研习的过程中加以辨别,批判性地进行阅读和思考。

杨晓慧

2024年1月于长春

中文版前言

一

1979年1月1日,中美建立外交关系,这一天对两国来说都是一个重要的日子。当时我在吉米·卡特总统领导下的政府工作,负责直接与总统对接美国的双边和多边对外援助政策。担任这一职务时,我并没有涉足中美关系,但我确实亲身体会到了卡特总统是一位多么杰出的领袖,特别是他在外交领域的作为。

在任期间,我访问了非洲、亚洲、拉丁美洲和南美洲的许多发展中国家。在访问过程中,我看到中美两国为了改善贫困人民生活,特别是在农业、粮食、能源、卫生和人口等领域所做的诸多努力。

我记得曾经在其中几次访问中设想过,如果中美两国能够开展合作,对发展中国家的贫困人民会有多大帮助。多亏了邓小平先生和吉米·卡特总统的领导,两国才走向了合作之路,我衷心希望今后两国之间的关系能够更加牢固。

1985年,在中美两国建交六年后,我和妻子埃伦访问了中国,出席上海交通大学和宾夕法尼亚大学的一个联合项目的庆祝仪式。在那次访问中,我们看到了中国是一个多么了不起的国家,包括它的规模、人口、经济以及历经几千年历史的文化。

二

在我第一次访问中国之后的几年里,中国逐渐在世界舞台上占据一席之地。当我和女儿伊丽莎白再次访问中国时,看到了中国取得非凡进步的有力证据。这次我是应东北师范大学校长的邀请,前来与生活·读书·新知三联书店签订协议,出版我在过去几十年里撰写、合著或编著的11本书,所有这些书都将被翻译成中文。主导这件事的是博学而亲切的蒋菲教授,她是东北师范大学思想政治教育研究中心道德与公民教育比较研究室的主任。

这11本书,连同几十篇文章,承载了我一生在诸多领域的学术研究成果,也反映了我在四所高校担任行政人员和教师以及在美国政府担任四个职位的多年经验。

我一生中担任过14个不同的职位,我妻子开玩笑地说我工作永远做不长久。我的第一份工作是担任勒尼德·汉德法官的书记员,他后来被公认为是美国在世最伟大的法官。当时汉德法官已经八十七岁,和我写这篇序言时同龄。他是一位极富经验的法官,在法官的岗位上工作了五十年,同时也是我的良师。

在担任汉德法官的书记员后,我曾短暂地从事过法律工作,因为我认为在担任法律专业教师前,最好先了解一下律师的日常工作,这也是我自己一直想做的事。但在从事法律工作不到两年之后,我认识的一位前哈佛法学院的法学教授艾布拉姆·查耶斯邀请我加入约翰·F.肯尼迪政府。查耶斯教授是当时的国务院法律顾问,是我的另一位优秀导师,我们后来共同编写了一本关于国际法的三卷本著作,主要是根据我们在肯尼迪政府和后来在林登·约翰逊政府的经历撰写的。

查耶斯教授回到哈佛大学后,我和副国务卿乔治·W. 鲍尔一起工作,他是我的另一位宝贵导师。像汉德法官和查耶斯教授一样,鲍尔先生向我传授了有关公共服务的宝贵经验,这些经验到现在仍使我受益匪浅,也引领我将公共服务视为一项崇高的使命。

幸运的是,斯坦福大学法学院邀请我做教师,讲授国际法,我不假思索地接受了,因为学校为我提供了我正想要的教学和写作的机会。五年后,我被选为学院院长。在任期间,我发现自己对一样事物十分享受,我称其为"制度架构"——有机会成为一个机构的领袖并使其发展壮大,且在机构中工作的人们可以得到所需的支持,以充分发挥其能力。

作为一名院长,我观察了美国各地法律服务的提供情况,发现在美国有相当一部分人在需要民事法律救助时孤立无援。杰拉尔德·福特任总统期间,美国正在组建一个新的政府实体——法律服务公司,我被选中担任这个机构的负责人。在这个职位上,我有机会学到了一门重要课程——领导力。与我做院长时一样,这份工作同时也让我了解到了美国贫困人口现状的严峻形势。为卡特总统工作的这几年,让我从全球视角进一步丰富了自己的经验,这有助于我理解发展中国家的严重贫困问题。

这些经历使我确信,我想为领导一所高校贡献力量。宾夕法尼亚大学给了我这个机会,校方选聘我为教务长,即首席学术官。这个职位让我了解到了一所优秀的大学是如何对教学、研究和服务提供支持的。在工作中,我也致力于培养学生具备公民参与所

3

需的能力,这一承诺在我之后担任的职位上一直延续着。

在宾西法尼亚大学工作多年后,我开始意识到,如果有机会,我想领导一所著名的公立大学。当我被聘为印第安纳大学校长时,这个机会来了。印第安纳大学有 8 个校区,有超过 10 万名学生,其中位于印第安纳州布卢明顿的主校区有 4.3 万人。幸运的是,布卢明顿校区有一个规模巨大的亚洲研究项目,使我对中国及其邻国有了进一步了解。

在我担任印第安纳大学校长时,乔治·H. W. 布什总统选择我作为委员会成员加入一个临时的政府实体——国家和社区服务委员会,主要负责为美国所有年龄段的公民参与他们社区的公民工作提供支持。

后来我成为该委员会的主席,并帮助威廉·克林顿总统的政府制定法律。我在该委员会工作之余,又建立一个永久性的新政府组织——国家和社区服务公司。迄今为止,国家和社区服务公司最大的项目"美国志愿队",每年在全美 21 000 多个地点招募约 75 000 名男女公职人员参与公共服务。我在这个组织的委员会工作了八年,这份工作进一步加强了我鼓励每一个美国人参与公共服务的决心,无论是作为一份职业还是作为业余爱好。

我和妻子于 1995 年返回加州,我以杰出学者的身份在加州大学系统任教了五年,还帮助完善了该系统所有 23 个校区的社区服务学习项目。长期以来,我一直大力倡导将学术学习与社区服务联系起来的课程,如果能把这门课讲好,学术学习和社区服务都会得到加强。我在一个名为"校园契约"的全球性协会担任领导职务,并协助创立了另一个协会——美国民主项目。这两个项目都注重教育大学生积极参与公民活动,以改善其所处的社区。服务学习课程是这类教育的主要组成部分。

由安德鲁·卡内基创立的卡内基教学促进基金会于1997年迁入斯坦福大学校园,我以资深学者的身份加入了这一组织,并获得了与一群亲密的同事一起撰写学术书籍和文章所需的支持。

最后,在卡内基基金会度过了11年美好的时光后,在这个系列的第6本书出版时,我回到了斯坦福大学。这次是在教育研究生院任职,在这里我讲授高等教育领导与管理、高等教育中的教与学、慈善事业、美国民主等课程。我还为许多学生提供了咨询,包括一些中国学生。其中一个学生是我上一本书《公民工作,公民经验》的合著者,她的父母来自中国,但是她出生在美国。这本书在蒋菲教授的帮助下译成中文,并由该系列图书的出版社出版。

三

我坚信美国"公共参与奖学金"的重要性,这是一项学术工作,直接关系到未来公共政策和实践的形成,或对过去公共政策和实践的理解,包括教育学生具备在了解这些政策、参与这些实践中需要的知识、技能和素质。

我所有的书都在试图帮助美国政府决策者及其工作人员,或大学政策制定者及其教师和学生。这些书也反映了我在美国政府和三所不同大学——我先后成为院长、教务长、校长的大学里——收获的经验和见解。

这些书分为四大类。首先,有两本书是关于国际法的影响,其中包括我从美国国务院的职业生涯和斯坦福法学院的教学经历中获得的见解。第二,有两本书是关于法律教育的,借鉴了我在斯坦福法学院担任院长的经验。第三,有三本书是关于高等教育的,反映了我在大学教学和管理方面的职业生涯。第四,有两本书侧重于讲授道德、公民和政治责任,基于我自己在这个领域的教学、领导校园契约协会和美国民主项目,以及我任职国家和社区服务委员会委员和国家社区服务公司的经历。最后,有两本书是关于慈善和教育的,不仅反映了我的高等教育经历,而且也反映了我在美国两大慈善基金会董事会的工作,这两个基金会分别是公共福利基金会和理查德罗达·高德曼基金会。

四

我非常感谢东北师范大学和杨晓慧教授、高地教授、蒋菲教授,他们给了我很多殊荣。首先,他们邀请我去东北师范大学进行学术访问。第二,经由他们安排,我的著作得以被译成中文,我也非常感谢为此做出努力的生活·读书·新知三联书店王秦伟先生和成华女士,以及诸多译者,他们的辛苦工作保障了这项工作得以顺利进行。我希望这些做法有助于加强中美两国间的关系。我现在,以及会永远感受到,我与中国之间有一条特殊的纽带相连。

托马斯·欧利希,2021 年

目 录

前 言

第一章 *1*

学分制的发展历程 *1*

第一阶段 大学招生和高中标准化课程 *3*

第二阶段 行政、预算和监管方面的实施 *8*

第三阶段 现在和未来：高等教育的"去院校化" *10*

结论 *11*

第二章 *13*

实行学分制的政策和实践 *13*

政策调查结果 *14*

关于课程记录文件的分析：方法和数据收集过程 *18*

四年制院校的课程文件数据结果 22

两年制院校课程文件数据结果 30

第三章 39

学分是创新的一个潜在阻碍：来自创新型高校的启示 39

创新型高校 40

远程教育的提供者 43

课程创新者 46

结论 54

第四章 57

学分和教师教学工作量 57

学分和教师工作量概述 58

私立院校 61

公立学校 63

修改学分制方法 66

未来：根本性转变 69

结论 71

第五章 73

认证与学分制度 73

认证的背景 74

认证类型 75

认证标准概述 76

总结和结论 85

第六章　90

联邦政府对学分制实施的关注点：时间和政府工作人员　90

联邦教育部在高等教育中的作用　91

高等教育法　93

联邦政府对学分制的应用与实施　94

对高等院校报告的要求　100

远程教育"说明条例"　101

"12小时规则"特别报告　104

总结和结论　104

第七章　106

学分制与公共预算　106

改变资助环境　107

公共预算的一般方法　108

不同预算方法的演变　111

学分制在公共预算方面的利弊　121

公共政策问题　125

第八章　129

学分制：国际化探索　129

美国的学分制：简要概述　130

学分制在欧洲国家的应用　131

欧洲学分制的跨国使用　138

除了评估学生外,学分制的其他作用　147

日本和澳大利亚的学分制　*149*

总　结　*151*

第九章　*157*

学分制：连接的纽带　*157*

索　　引　*162*

前　言

　　无论是在高等教育的教学领域还是管理领域,学分制都是一种较为重要的制度。事实上,这种实施较为普遍的学分制是将教学领域的各个方面转化为人们普遍理解的公共测量指标。学分制不仅可以反映学生的上课时长和学习情况,还可以反映教师工作量,同时也为评价"与全日制教育等价的其他教育形式"提供了基本依据。具有上述作用的学分制继而成为公共预算的基本考虑要素,衡量高校机构主要绩效以及学位授予的重要依据。学分制的应用使得不同院校的学生可以进行学分转换。该制度将不同院校的复杂活动转换为一种通用语言,此种语言(伴随着合格认证)将原本复杂而分散的高等教育机构紧密联系起来。学分制是上世纪发展起来的测评制度的延续,现今可能不再具有较高的实效,因此这一制度可能成为高校改革的最大障碍之一。

　　如第八章所述,尽管学分制在许多国家都得以运用,但并未全面覆盖高等教育,且(除)美国以外的大多数国家都没有使用该制度。它有两大起源,一种是学术起源(在19世纪末20世纪初,对学生高中课程学习的考察加以标准化,进而作为大学录取的依据),另一种是行政起源(旨在提升高等教育竞争力和生产力的基金会的创立)。在20世纪,学分制迅速演变成一种公共部门的工作量核算方法,可以用来衡量高等教育的成本和效率。如今一个多世纪过去了,学分制已经影响到了高等教育政策的方方面面,包括从高中向大学的过渡、学生转学、学习过程与学习成果的评价、大学学位的内容及其完整性、资源的分配以及公共受托责任等。无论是规约甚至固化我们的行为表现,还是塑造我们看待事物的方式,学分均产生了巨大的影响。

本书研究的初衷是,作者认为学分制暴露的问题越来越多,可能导致或造成高等教育中的一些弊病。这些问题进而可能会阻碍高校教学水平和生产力的提高,而这关系到旨在提升学生学习成果的教育资源的有效利用。学分制最突出的缺点在于,利用学生课堂学习的时间来衡量学生的学习情况,但在当前,很明显学时已不再是授予学生学分的合理依据。但是,手段和目的之间的矛盾并不仅仅存在于学术方面。事实上,学分制已经嵌入到联邦政府和各州的高等教育管理体系、预算方案和问责报告中。因此,即使在衡量学生学习情况方面有替代办法的突破,外部行政机构也将依然执行基于学时的衡量标准。

在斯宾塞(Spencer)、休利特(Hewlett)与美国教师保险和年金协会——教师退休基金会(TIAA-CREF)的支持下,我们开展了一个旨在说明学分制主要用途的研究课题,并由卡内基教学促进基金会的托马斯·欧利希(Thomas Ehrlich)和高等教育政策研究所的珍·韦尔曼(Jane Wellman)共同指导。我们的目的是记录学分制一直以来的使用方式,并探究高等教育中所持续推行的学分制是否会继续阻碍高等教育的变革。

本研究旨在探讨以下假设:(1)学分制是对教学创新的一大障碍;(2)学分制是州预算的基本组成部分,它阻碍了预算改革;

(3)学分作为一种监管手段,在公立院校的执行频率要高于私立院校,在两年制公立院校中的执行频率高于四年制公立院校;(4)创新型院校以学分制作为学生学习的一种衡量标准,并围绕其开展工作;但对教师工作量的衡量,几乎没有替代学分制的方法;(5)学分的授予标准不一致,对于学分授予依据的内部政策指导或外部审查较少。

为确保研究工作的持续进行,我们组建了咨询委员会(见附件)。我们首先绘制了学分制的图表,并从教育政策的角度确定了学分使用中最重要的方面。为了简化图表,我们将学分制的"内部"和"外部"使用界定如下(见表A):

表A 高等教育中的学分制使用

院校"内部"应用	"外部"应用
学位要求,专业学习中要求的通识教育单元数等	美国教育部:第四章
记录在成绩单上的课程学分	入学数(对学分不予报告,但必须被用于转换为工作量和人员统计)
平均绩点的计算	时间或学分要求
教师工作量、报酬和工作量政策	校历
招生要求	远程学习(非在校)状况
对学分不予报告,但必须被用于转换为工作量和人员统计(全日制或非全日制)	对学分认证机构的联邦监督
获得学位的居留要求	学术进展审查
课堂作业	分校、校外或函授教学的定义
人员配置	国税局(规定税收抵免的资格)
财务报告	院校间的学生转换
预算配置	国家许可要求
内部问责报告	排名机构(报告)
建筑和空间使用水平	学位、证书和文凭的认证标准
财务审计和项目审查	

我们以本表为起点，探讨了我们和顾问委员所认为的学分制应用中最有成效的部分。本书各章将会介绍我们的研究结果。第一章是杰西卡·谢德（Jessica Shedd）的研究，回顾了学分制从早期到现在的发展历程。第二章是对高校中学分授予方面的现行制度和实践的调查结果。第三章是托马斯·欧利希对十多所院校领导人的访谈，这些人被普遍认为是高等教育的创新者。通过采访，他思考了学分制是否已经成为制度创新的障碍。他还在第四章中探讨了学分作为教师工作衡量标准的作用。珍·韦尔曼在后续几个章节中，通过研究认证机构在学分制实施过程中的作用、政府资金和学分的关系，以及联邦政府对学分制的执行情况，来分析学分制在行政和监管方面的使用。接着第八章中，汤姆生·R.沃赖宁（Thomas Wolanin）通过研究那些不实施学分制的国家的做法，从国际层面对学分制进行了分析。最后，在第九章中，我们对学分制的现行成果进行了总结，并对该制度的未来发展提出了一些建议。

附件：咨询委员会成员

卢·阿尔伯特，加利福尼亚州，圣何塞市，圣何塞常青社区学院副校长

朱迪思·伊顿，华盛顿特区，高等教育认证委员会主席

拉斯·埃哲顿，华盛顿特区，皮尤大学本科生学习论坛主任

彼得·尤厄尔，科罗拉多州，博尔德市，国家高等教育管理系统中心高级副研究员

安·费伦，弗吉尼亚州，瑞德福市，瑞德福大学

露丝·弗劳尔，华盛顿特区，美国大学教授协会政府关系主任

梅尔·哈里斯，康涅狄格州，新不列颠市，查特橡树州立大学校长

罗纳德·J.亨利，亚特兰大市，亚特兰大大学教务长兼学术事务副校长

丹尼斯·琼斯，科罗拉多州，博尔德市，国家高等教育管理系统中心主任

迈克尔·W.科斯特，加利福尼亚州，斯坦福教育学院

保罗·林根菲尔特，丹佛市，州高等教育执行办公室，高等教育执行主任

亚历克斯·麦考密克，加利福尼亚州，门洛帕克市，卡内基教学进步基金会高级学者

迈克尔·米道，纽瓦克市，特拉华大学机构研究与规划副校长助理

玛丽安·菲尔普斯，华盛顿特区顾问

威廉·普拉特，印第安纳波利斯市，印第安纳大学/普渡大学学院院长

琳达·J.萨克斯，洛杉矶市，加利福尼亚大学驻校助理教授，合作机构研究项目主任，高等教育研究副主任

贝基·提蒙斯，华盛顿特区，美国教育委员会政府关系主任

珍·韦尔曼，托马斯·欧利希

第一章

学分制被开创性地建立,以便学生可以从高中教育顺利过渡到大学教育。这一制度被意在推进商业模式的基金会所践行,内容涉及高等教育竞争力和单位成本的分析。

学分制的发展历程

杰西卡·谢德[1]

学分制究竟是如何形成的呢?它并不是一种自然形成的有机存在体,而是一种人类发明的充满智慧的巧妙制度,可以服务于特定的目的。学分制是由美国人在19世纪末发明创造的,它将学生的高中成绩提交给大学的招生人员。当标准化课程的受重视程度逐渐弱化的时候,学分制逐渐进入高等教育,并被用来记录学生们的选修课学习成果。由于慈善团体对运用商业模式记录工作量和机构生产力的方式开始感兴趣,在这种压力的推动下,学分制变得更加普遍。

---

[1] 杰西卡·谢德,马里兰大学帕克分校院校研究和计划部门的调查分析员。

为了记录学分制的发展过程，我们将基于不同来源的信息整理成了一个图表。图表里包含标准的文献综述、对于卡内基教学促进基金会(The Carnegie Foundation for the Advancement of Teaching)历史的回顾(该基金会在学分的创立和发展中占据了主要地位)，北部中央学习委员会(它是第一个使用学分制的地区认证委员会)，美国学院和大学协会(目前该协会正在对关于学术交流的学分制进行研究)，还有一些博士论文以及未发表的文章。

劳宾格尔、罗维、派珀和韦斯特(1969)将学分制度的发展历史描述为三个阶段：

1873—1908：对于大学录取过程和学生从高中到大学的过渡衔接，越来越多的人感到不满。

1908—1910：对标准高中学分制的提倡及其实施。

1910至今：卡内基学分的引入、广泛发展以及它对中等和高等教育的影响。

格哈德(1955)将学分制的发展分为两个阶段：

19世纪70年代和80年代：随着选课制度的发展，大学开始用课程数量和小时数作为衡量其教学的单位；

19世纪末至20世纪初：高中和大学为其课程分配了学分，并根据学分设定了学生毕业要求。

其他发展阶段及其产生的影响使学分制逐渐演变成当前普遍依据的衡量标准。最初，由于学生人数的快速增长，学分制是作为一种衡量学生学习情况的学术标准而存在的；后来，学分制逐渐演变成一种测量效率和教学时间的方法，并成为一种报告内部预算和外部数据的度量标准。通常情况下,在学分制的发展过程中,有三方面的影响因素:第一,要在保持学术标准的同时处理好录取学生的数目增长和学生多样化的问题;第二,在高等教育中,人们对于课程改革和课程灵活性的期盼;第三,来自外部利益相关者的压力迫使教育机构引入绩效评估和问责措施。

第一阶段　大学招生和高中标准化课程

从 1890 到 1900 年,14 到 17 岁高中生的比例几乎翻了一番,在 20 世纪初期,公立高中的入学人数继续以惊人的速度增长(Lagemann, E. C., 1983)。到了 1910 年,14—17 岁的青少年中有 15%以上都进入高中学习,在 1920 年,这一比例飞涨到 32%。对于高中学校来说,这是它们进行高度扩招的时期,鼓励人们对高中学校的使命和高中课程进行广泛讨论。这种扩招使得大批学生有机会进入大学学习,但是也体现出对高中生学业成就进行标准测评的方法的需要。关于高中学业表现和大学招生的国家标准的制定,不仅有助于高中学校为其学生进入大学学习做好充分的准备,而且有助于大学对于越来越多的来自不同高中的申请者进行评估。

在 19 世纪 90 年代,美国国家教育协会(the National Education Association)任命了由哈佛大学的查尔斯·艾略特主持的中学研究十人委员会和大学入学标准委员会来解决这些问题(Levine, A., 1978)。这些组织撰写了一些报告,这些报告为全国高中课程标准化奠定了基础,指定了具有特定"学分"的课程项目作为大学录取的先决条件。报告指出:"中学所教授的每门课程都应该以相同的方式和程度传授给每个学生。因此,例如,对于学习拉丁语、历史和代数的所有学生,分配给他们的时间和指导方法都应该是相同的(the National Education Asso-ciation,1894)。"标准化课程将被提供给所有学生,"无论他们接受教育的意愿如何,所有科目都被列为同等级别以便于大学招生"(Levine, A.,1978)。课程基于课程单元的学分规定进行校准,这些学分均是以学生上课的时间为测量标准的。因此,学习是通过在标准化课程上所花费的课时来衡量的。这种以课程学分来衡量课程的新系统是为了增强美国学生的流动性和学分的转换性(Kreplin, H.,1971)而设定的。这种学分衡量方法被新成立的美国中部州高考委员会和美国中北部教育联盟所采纳。

1. 卡内基学分的发展

尽管卡内基教学促进基金会(The Carnegie Foundation for the Advancement of Teaching)未开创性地提出学分制,但是该基金会却推动了学分制的广泛传播。在1906年,卡内基基金会成立时,安德鲁·卡内基捐赠了1000万美元,其目的是为大学教师提供退休津贴。然而,在引入养老金计划之前,需要对学院、大学、教授、公立与私立学校、教派与独立院校下一个简明的定义。为了科学地赋予这些术语以明确具体的操作性定义,卡内基基金会和普通教育委员会进行了广泛的院校调查(Barrow, C. W.,1990)。基于这些调查和纽约州董事会的认证标准,卡内基基金会提倡满足以下条件的院校的教师有资格获得退休津贴:(1)学校里至少有六名教授将他们的全部精力投入到学院和大学的工作中;(2)学校提供四年制的文科和理科课程;(3)除了预科和文法学校的学习,要求学生们在入学前有不低于 4 年的学习准备阶段或者是高中学习经历(Raubinger, F. M., Rowe, H. G., Piper, D. L., West, C. K.,1969)。

除此之外,大学必须接受学分制的入学计划,这个学分是指在中学阶段,每周五天学习的四门课程中的任意一门课程的学分。在通常情况下,该计划要求学生在一年的时间里,任何一门课程的学习时间都不少于 120 个小时,只有这样才能算是圆满地完成了课程学习。"卡内基学分"开始逐渐被人们所熟知,并且最终在 1909 年有了明确的定义,为人们所接受。卡内基基金会明确表明"计算学分时,最基本的标准是学生在一个学科上所花费的时间,而不是他所取得的学习成果"(Kreplin, H.,1971)。

卡内基基金会还声明,如果一所大学未能达到该基金会所界定的标准,那么该所学校的教师就不会收到退休津贴。由于当时很少有大学拥有自己的退休津贴或者是年金基金,所以"学分"这个概念很快就被大学和高中所接受。到了 1910 年,基本所有高中都以卡内基学分为基准来衡量学生的课程学习情况(Raubinger, F. M., Rowe, H. G., Piper, D. L., West, C. K.,1969)。

2. 标准化和测量效率

就在卡内基学分发展起来的同时,卡内基基金会和通识教育委员会也支持一种日益普遍的观点,即美国高等教育存在的一个根本问题是大学都是作为独立的单位来运作的,这导致很多院校成为"引导缺失且低效率"教育的提供者(Barrow, C. W.,1990)。

在 1910 年,莫里斯·库克(Cooke,M. L.)发表了一篇由卡内基基金会签署的名为《学术及产业效率》(Academic and Industrial

Efficiency)的报告。报告认为,学时是关于"核算和时间使用"的详细信息,通过比较学时可将不同院校进行比较,这种方法是极其重要的。库克这篇报告的目的是设定一个评价教学和研究的投入、产出的准则——实质上就是"采用一种和工厂管理相似的方式来衡量教育机构的效率和生产力"(Barrow,C. W.,1990)。这一方式的目的是找到一种衡量高等教育生产力的方法,从而使高等教育能够面临与私营企业相似的市场竞争压力。为了实现这一点,库克发明了一种"微积分",其中一个关键的测量单位为学时,其定义是"每名学生一个小时的听讲座时间、在实验室工作的一小时或课堂上学习的一小时"(Barrow,C. W.,1990)。这种测量方法使学校能够计算教职员工的相对工作量、每个学时的教学成本,以及最终的单个教授、领域、院系以及院校的教学效率。在库克发布这篇报告后,卡内基基金会又发表了《财务报告的标准格式》,要求所有申请该基金会养老金的大学都要有标准的行政、会计的表格和程序。

在接下来的十年里,公立高等教育被重新定义为经济体中的"社会投资"。公立院校被迫向公众证明它们的"回报率",并开始开展自我调查以获得单个学时成本方面的数据信息。效率调查因此而变得越来越受欢迎,并且库克的"学时"成为衡量生产的基本标准。在20世纪20年代末,为适应国家标准化的生产力测量标准和投资回报率,院校数据记录和检索系统已经被重组(Barrow,C. W.,1990)。

3. 选课制度

1869年,查尔斯·艾略特(Charles W. Eliot,同时还担任卡内基基金会董事会主席)在哈佛大学校长的就职演说中,向公众做出了他对选课制度改革的承诺。艾略特将选修课看作是一种促进学生们学习的动力,并且也是他们能够学习自己有天分或者感兴趣的科目的一种途径。1872年,哈佛大学取消了对大四学生的所有课程要求,1885年,哈佛大学甚至减少了对大一新生的课程要求。标准化课程到选课制度的转变从根本上改变了大学学位的含义,它不再是以掌握综合课程为基础,而是需要学生能够顺利完成一系列的课程的学习。然而,随着这种课程的改变,高校需要一种方法来记录课程以及学生以不同方式获得学位的过程。在实施选课制度时,面临的主要挑战是确定衡量课程的标准及监测学习进展的方法。

首先要衡量的事物就是课程本身,它们是以在课堂上的师生交往时间来定义的。到了1877年,密歇根大学课程目录表明,学生们需要完成24至26门全课程的学习才能获得学士学位,全课程指的是"一学期每周做5次练习,无论是在教室上课、实验室学习还是参与讲座"(Gerhard,1955)。学习成就的衡量标准是基于一个共同的时间单位,完整的学士层次教育由设置课程和时间单位的积累构成。美国中西部的一些比较大的州立大学是最希望实行选课制度的,然而一些比较小的大学,例如私立新英格兰大学却并不太接受这种制度。在19世纪90年代,已经很少有学校会面向大一和大二学生设置必修课了,但是威斯康星和密歇根大学仍然在这样做。久而久之,选课制度提供的更多选择导致了主修和辅修、学术部门和奖学金专业化的出现(Lucas,1994)。

选课制度的发展和中等教育的普及是息息相关的。公众呼吁高校应该提供更多样、更合适的课程来满足高中毕业生的不同兴趣需要。这种希望院校提高其公众吸引力的需求导致了高校课程科目大量增加,并且相应地,高校还需要找到某种记录学生们进步的方法。随着进入高等教育的学生越来越多,学生的流动性也越来越强,定量的、可转换的学习单位也因此变得非常重要。

第二阶段　行政、预算和监管方面的实施

一旦基本的学分衡量方法开始发展起来,那么它在行政管理、报告和外部监控方面的用途就开始逐步显现。本研究项目中相配套的背景文章详述了这些因素。简而言之,以下是一些影响这一演变的主要方面。

1. 联邦资金补助和高等教育章程

由于《退伍军人权利法》(the GI Bill)的颁布,联邦政府在高等教育中的作用大大增强。关于《退伍军人权利法》的研究表明,由于人们对教育质量和"文凭工厂"的关注,联邦政府规定满足条件的院校应该获得军方的学费资助。多年来,联邦政府一直依据认证院校的意见来评价高校的学术质量。在20世纪80和90年代,随着联邦学生援助计划的出现以及人们对该计划在实施过程中出现的欺诈和滥用问题的认识加深,这种情况开始改变。因此,联邦政府通过一种联邦"认定"的方法加强了对那些认证院校的监管,这种方法就是对想要成为五大基金"守门人"的认证机构设立联邦法规。以前属于院校内部的机构认证标准和程序开始作为联邦审查和认证院校认定的标准被引入联邦法

律。与此同时,联邦政府开始把学分制纳入要求,用来对有资格获得联邦学生援助项目的院校进行资格审查和记录保存。除了要求院校机构用学分或者"学时数"来衡量学生的学习情况外,政府还要求机构形成一个关于学分或学时数的标准。通过对接受援助资金的院校的资格规定,政府开始实施更加标准化的规范措施。

2. 数据报告

联邦政府的研究加强了高等教育中的学分制应用。从20世纪60年代起,学分制被纳入联邦数据系统。联邦数据系统及综合高等教育调查机构都遵循这一标准。例如,公共的数据系统为一些顶尖院校所使用。为了符合联邦政府对数据信息的要求,各州都已经将其数据收集的方式标准化。

3. 国家预算制度

在20世纪60年代,学分制作为公立高等教育院校预算方案的依据,开始被广泛应用,这可能是此期间多元化公立学校系统发展的结果。这也是整个州政府的"PPBS"(项目规划和预算系统)的时代。在一些州,预算方案是以注册生成的学分为基础的,这成了政府进行公共资金分配的重要依据。例如,加利福尼亚大学系统的历史记录表明,所谓的基于学分的"绩效预算"制度是克拉克·科尔(Clark Kerr)作为加州大学伯克利分校校长所进行的早期改革之一,当时高校正面临以伯克利分校为标杆向综合性大学的模式转变(Douglass,2000)。

4. 集体谈判

公立高等教育中教师集体谈判的兴起可能是加强学分制衡量教师在课堂上所花费时间的另一种方法（如果想要了解更多关于这方面的信息，请参考配套背景文章的第四章，由托马斯·欧利希编写，是关于集体谈判以及教职员工的工作量的内容）。

第三阶段　现在和未来：高等教育的"去院校化"

在现代社会，通过终身学习、多样性的学生流动、校外或者远程学习等，学生接触到高等教育的方式越来越多。学生不再仅仅在个别院校学习，且可以通过多个院校的课程学习积累来获得学位。根据阿德尔曼（Adelman）进行的一项研究（1999），有超过60%的大学生去了不止一所院校，40%的学生甚至去了其他州的院校学习。由于教育技术和远程教育的发展，学生流动性有了新的含义，很多课程通过互联网而更加便于学生学习。一些高等教育机构，比如查特奥克州立学院（在第三章中有详细介绍），会根据对学生在多个院校的课程学习的统一评估，来授予学位。在这种模式下，教育机构不再直接提供课程教学或者指导，而是对课程学习情况进行评估。

然而学分制也有一些不足之处——尽管学分制能够记录学生的学习情况且学生可以在不同院校之间进行流动，但它记录学习情况的方法是以时间和地点为基础的，且对学生的学习成效有所疏忽，这两点不足之处在以上所述的这种"流动式接受教育"和远程教育领域体现得尤为明显。尤其是远程教育，这种教育方式为传统的学习标准带来了压力——因为它迫使政府要审查院校的政策,比如规定的师生接触时间、预算结构以及基础设施(Twigg,1999)。即使是联邦政府,为了试图应对"虚拟机构"的压力,在适用资金条例第四款免除条件时,进行了细微的调整。例如,有一条规定叫作"50%规则",它要求院校里的课程有一半都应该在校园内进行教学。为了容纳更多远程教育院校,这条规定现在已经被废除(如果想要了解这方面的更多信息,请参考珍·韦尔曼编写的第六章关于联邦规范的内容)。

结 论

尽管学分制源自一个多世纪以前,但是它的发展并没有什么根本变化。事实上,对于学分制发展过程的探索和其主题有着相似之处。其实,影响学分制衡量标准的主要问题在今天仍然存在:入学率的激增、希望确保所有学生有一个共同的学习标准、将高中的毕业要求与大学入学标准关联起来的需求、公共责任所带来的压力、对提高院校效率和生产力的渴望、学生流动性以及对于大学课程质量和完整性方面的关注。在高等教育大众化之前,这种衡量标准在工业时代有着积极的发展,但是它的本质并没有什么改变。那么到底是因为学分制本身的适应性,还是意味着这是高等教育初步固化的标志呢?这个问题至今仍有待解决。

参考文献

Adelman, C. Answersinthe ToolBox: Academic Intensity, Attendance Patterns, and Bachelor's Degree Attainment. Washington, D. C.: Office of Educational

Researchand Improvement, U. S. Department of Education, 1999.

Barrow, C. W. Universitiesand the Capitalist State: Corporate Liberalism and the Reconstruction of American Higher Education, 1894 – 1928. Madison: University of Wisconsin Press, 1990.

Cooke, M. L. Academic and Industrial Efficiency: A Report to the Carnegie Foundation for Advancement of Teaching. New York: Carnegie Foundation for the Advancement of Teaching, 1910.

Douglass, J. A. "A Tale of Two Universities of California: A Tour of Strategic Issues Past and Prospective." Chronicle of the University of California, Fall 2000, pp. 93~118.

Gerhard, D. "The Emergence of the Credit Systemin American Education Considered as a Problem of Social and Intellectual History." AAUP [American Association of University Professors] Bulletin, 1955, pp. 41, 647~668.

Kreplin, H. Credit by Examination: A Review and Analysis of the Literature. Berkeley Foundation Program for Research in University Administration, University of California, 1971.

Lagemann, E. C. Private Powerfor the Public Good: A History of the Carnegie Foundation for the Advancement of Teaching. Middletown, Conn. : Wesleyan University Press, 1983.

Levine, A. Handbook on Undergraduate Curriculum. San Francisco: Jossey Bass, 1978.

Lucas, C. J. American Higher Education A History. New York: St. Martin's Griffin, 1994.

National Education Association. Report of the Committee of Tenon Secondary School Studies, with the Reports of the Conferences Arranged by the Committee. New York American Book Company, 1894.

Raubinger, F. M. , Rowe, H. G. , Piper, D. L, and West, C. K. The Development of Secondary Education. Old Tappan, NJ. : Macmi-llan, 1969.

Rudolph, F. Curriculum: A History of the American Undergraduate Course of Study Since 1636. San Francisco: Jossey-Bass, 1977.

Twigg, C. A. Improving Learning and Reducing Costs: Redesigning Large-Enrollment Courses. Troy, N. Y. : Center for Academic Transformation, Rensselaer Polytechnic Institute, 1999.

第二章

尽管所有院校都使用学分制,但它并没有一个明确的定义,并且院校也没有始终如一地执行学分制。

实行学分制的政策和实践

杰西卡·谢德

本章主要讲述的是一个院校调查的结果,调查主题是不同的学院和大学学分制的施行方法,包括他们是否用它来衡量学生毕业时的学分,他们如何定义学分制以及如何确立任意一门课程的学分数量。我们还对与课堂时间相关的学分进行了调查,即这些院校在多大程度上会继续将时间作为判定学分的主要依据之一。

我们和特拉华大学的高校研究部门一起邀请了大概75所院校参与一个关于学分制的学校政策及其实际实施的调查。在过去6年中,特拉华大学曾经进行过一项关于教学成本的调查,以上提到的院校都是这项调查的参与者。

根据院校在教学成本调查中的参与情况和"完善"的数据管理情况,特拉华大学或其高校研究部门以此来鉴定不同院校。此项调查所涉及的院校均以匿名形式自愿参与。该调查由两部分组成：一部分是高校关于课时的学分授予的书面政策和程序规定方面的信息，另一部分是对高校课程数据文件（该文件用于评价课时与学分授予的关系）的分析。在被邀请参与调查的75所院校中，同意提供课程数据文件的院校共有55所，其中包括：

- 42所公立院校和13所私立院校
- 19所具有博士学位授予权的院校或者科研院校
- 17所具有硕士学位授予权的院校或者综合院校
- 10所本科院校
- 9所文学副学士院校（社区大学）（全部为公立院校）

共有38所院校对于书面政策的信息请求做出了回应并且提供了分配学分的流程（其中，有16所科研或者博士院校；16所硕士、综合或者本科院校；还有6所文学副学士院校）。尽管私立院校代表性不足（在国家层次的院校数量方面），但最终的组合构成了一种正常的院校类型抽样。尽管我们单独为私立院校提供有关课程模式的数据要求，但是私立院校及其课程的数量较少，也意味着我们在学科和课程层面的分析中没有试图区分公立和私立院校。然而这些调查结果在数据上并不具有代表性，也并不能概括所有高等教育的情况。

政策调查结果

政策调查的目的是获得院校内部关于学分制的政策和实践情况方面的背景信息。我们让院校为我们提供了以下信息：（1）院校记录学生学习情况或者课程学习的主要方式（学分、课程或者其他方式),(2)院校的课程目录或者教师手册是否包括对课程学分的具体定义,(3)课程目录是否为学生提供与课堂时间相关的预期课外学习时间的参考,(4)院校是否保留书面政策或者指导方针,来确定新课程的学分,(5)教师工作量的政策是否涉及上课时间、课程时间或是其他衡量课堂教学时间的方法,(6)院校的校历(学期、季度或者其他时段)。

这项涵盖两年和四年制院校的调查结果在表2.1中都已得到显示。结果显示,基本所有(36所95%)参与调查的院校都把学分制作为记录学生学习的主要方式。但是在两年制的学院中,这一比例就相对小一些——只有5所(83%)两年制的学院把学分制当作记录学生学习情况的主要方式,还有一所(17%)两年制院校称它把课程数量作为记录学生学习的主要方式。

表2.1 按院校类型划分的政策调查结果(数字%)

一、请说明您所在院校记录学生学习情况和课程学习的主要方式。

	学分	课程	其他
所有院校(38所)	36(95)	1(3)	1(3)[1]
科研院校(16所)	16(100)	0	0
综合或本科院校(16所)	15(94)	0	1(6)
准学士院校(6所)	5(83)	1(17)	0

二、您所在院校的课程目录或者教师手册包括对于课程学分的具体定义吗?

	是	否
所有院校	16(42)	21(55)
科研院校	6(38)	9(56)
综合或本科院校	6(38)	10(63)

---

[1] 译者注:原书数据如此,可能有误。

续 表

二、您所在院校的课程目录或者教师手册包括对于课程学分的具体定义吗？

	是	否
准学士院校	4(67)	2(33)

三、您所在州的规章制度中有对学分制进行定义吗？

	是	否	其他机构	不清楚
所有院校	10(28)	12(33)	1(3)	10(28)
科研院校	2(13)	5(36)	6(40)	
综合或本科院校	3(20)	7(47)	4(27)	
准学士院校	5(83)	0	1(17)	0

四、你们的课程目录是否为学生提供与课堂时间相关的预期课外学习时间的参考？

	是	否
所有院校	4(11)	34(90)[1]
科研院校	3(19)	13(81)
综合或本科院校	0	16(100)
准学士院校	1(17)	5(83)

五、您的院校是否保留书面政策或者指导方针，来确定新课程的学分？

	是	否
所有院校	14(38)	23(62)
科研院校	6(40)	9(60)
综合或本科院校	4(25)	12(75)
准学士院校	4(67)	2(33)

六、您所在院校的教师工作量是不是指上课时间、课程时间或是其他课堂教学的衡量时间？

	是	否	随部门而变
所有院校	27(73)	7(19)	3(8)

---

[1] 译者注：原书数据如此，可能有误。

续 表

六、您所在院校的教师工作量是不是指上课时间、课程时间或是其他课堂教学的衡量时间?			
	是	否	随部门而变
科研院校	7(47)	5(33)	3(20)
综合或本科院校	15(94)	2(6)	0
准学士院校	8 或 7 (89 或 78)	1 或 2 (11 或 22)	0
七、您所在院校的校历是什么样的呢?			
	学期	学季	其他
所有院校	33(87)	3(8)	2(5)
科研院校	15(94)	1(6)	0
综合或本科院校	14(88)	0	2(13)[1]
准学士院校	4(67)	2(33)	0

参与调查的院校中,绝大多数(27[73%])院校表明在他们的政策中,对教师工作量的定义是指上课或者课程时间,但这种情况在科研或博士院校中会有所不同(只有 7 所[47%]),此外,硕士和本科院校有 15 所(94%),准学士院校有 5 所[83%]。

尽管很多院校都会利用学分来记录学习情况和教师工作量,但是大多数院校并不会为学生和教师提供学分的具体定义:在参与调查的院校中,有 21 所[55%]院校不会在他们的课程目录或者是教师手册中对课程学分进行定义。在这项调查中,有 13 所私立院校没有这种对学分的定义或是内部政策,其中只有 4 所(31%)院校在他们的课程目录或是教师手册中包含了对于课程学分的定义。有趣的是,对于二年制院校而言,调查结果有所

---

[1] 译者注:原文中为13,此处百分比相加大于100%。

不同：有4所（67%）私立院校在他们的课程目录或是教师手册中包含了对于课程学分的定义。除此之外，大概有90%（n=34）的院校称他们没有关于学生的预期课外学习时间的书面标准。

只有10所（28%）院校报告称他们所在州的规章制度对于学分制是有明确的定义的，12所（33%）院校回应他们所在州的规章制度并没有对学分制进行定义，10所（28%）院校不清楚他们所在州的规章制度是否对学分制有明确定义。

在大多数四年制的院校中，关于新课程的学分应该以什么为依据进行分配，是没有书面政策或是操作指南的。在参与调查的院校中，只有14所（38%）院校和10所（31%）四年制的院校有相关政策。然而，在两年制的院校中，却有2/3（n=4）的院校称他们有相关政策。

关于课程记录文件的分析：方法和数据收集过程

对于两年制和四年制院校的课程文件是分开进行研究的。研究根据院校授予学分的模式对数据进行分析，这种模式和卡内基分类法中的课堂时间有关，还会根据院校的控制权或类型（仅限于四年制院校）、课程层次（仅限于四年制院校）、教学计划分类代码及课程科目（国家教育统计中心，2002）进行分析。为了保持数据组的完整性，确保分析的数据适用于研究目的，在分析过程中采取了一些措施。在以下"数据清理"的过程中，每一步完成后，相关记录都会被清除。见表2.2。

表 2.2 在数据清理过程中每一阶段,被剔除的课程记录数量

数据清洗阶段	四年制院校	两年制院校
分析的课程		
总数(消除前)	62828	15019
无效的会面时间	10392	2572
教学计划分类代码(缺失或数量太少)	1193	319
变化的学分制课程	2930	114
课堂会面时间>10 小时	272	276
课程学分>6学分	136	19
剩余总数	47905	11749
讲授课程	四年制院校	两年制院校
总数(消除前)	44812	9395
无效的会面时间	7113	1659
教学计划分类代码(缺失或数量太少)	909	156
变化的学分制课程	1370	98
课堂会面时间>10 小时	61	49
课程学分>6学分	115	12
剩余总数	35244	7421
在实验室或是以讨论形式进行的课程	四年制院校	两年制院校
总数(消除前)	8516	4851
无效的会面时间	715	610
教学计划分类代码(缺失或数量太少)	158	120
可变学分制课程	662	12
课堂会面时间>10 小时	166	207
课程学分>6学分	11	7
剩余总数	6804	3895
非讲授课程	四年制院校	两年制院校
总数(消除前)	9500	773
无效的会面时间	2564	303

续 表

数据清洗阶段	四年制院校	两年制院校
教学计划分类代码(缺失或数量太少)	126	13
可变学分制课程	898	4
课堂会面时间>10小时	45	20
课程学分>6学分	10	0
剩余总数	5857	433

注释：整个章节中的数字小于3895，因为教学计划代码为47、48和49的课程（分别为机械维修、精密生产贸易、交通和材料运输类专业）没有被列入其中，原因是这些领域的数据质量有待商榷且数据样本量很小。

在课程文件里，只有含有固定课程时间安排的课程才会被纳入到数据分析当中。如果没有固定的课程时间，那么学时就无法被计算出来。不幸的是，这些文件中大量的课程时间都写着"待定"。这些"无组织课程"将包括大多数的独立学习课程或具有此类性质的其他课程，其中对于课程的相关规定在参与这些课程的师生之间达成一致。

分析中只列出了文件中那些有教学计划代码的课程记录。教学计划代码对于每一学科的数据分析来说是至关重要的。

分析中只包括了有固定学分的课程，因为根据我们所得到的信息，根据变化的学分课程，是不可能确定学分授予和课堂时间的关系的。

分析中只包含了课堂会面时间每周少于10小时的课程。在课程文件里是查看不到时间表的精确度的，并且由于课堂会面时间每周超过10小时的课程很少，所以很可能这是一个错误的文件信息，所以在分析中就将这些课程排除了，以免其误导分析过程和结果。

课程被分为讲授课程、在实验室或是以讨论形式进行的课程和非讲授课程三类。不属于这三类的课程就是上面提到的"无组织课程",这些课程大多数没有列出时间。因此,在分析过程中就必须把这些课程排除。

在任何可能的情况下,我们会把与课程相关的实验或者讨论活动单独列出来,把它们与相应的课程结合,然后将它们汇总为一项记录。

这项调查的数据质量和参与调查的院校数量明显限制了该研究成果在高等教育中的推广程度。到目前为止,研究生或博士院校的课程记录最多,这可能会使结果偏向于这些院校的学分模式。影响数据质量最重要的一个方面是,没有系统时长和学分的课程是无法进行分析的。研究中大多数列出的课程是"无组织课程",比如自主学习或研究、临床教学这类的课程。因此,分析中不包括那些没有学分传统和课程安排的课程(表2.3)。这个问题主要影响对于四年制院校的数据分析,在四年制院校中这些"无组织课程"占讲授课程总数的比例远高于两年制院校中"无组织课程"所占的比例。

表2.3 数据清洗前:按课程类型和院校类型划分的课程总数

课程类型	四年制院校数量(%)	两年制院校数量(%)
讲授类课程	44812(55.7)	9395(60.3)
在实验室或以讨论形式进行的课程	8516(10.6)	4851(31.2)
非讲授课程	9500(11.8)	773(5.0)
无组织课程	17602(21.9)	553(3.6)
总数	80430	15572

注释:括号里的数字为百分比。

四年制院校的课程文件数据结果

研究中所分析的每门课程或被标定为讲授课程、实验类或讨论类课程以及非讲授类课程。总体来讲,74%的适用于分析的课程都是讲授课程,14%是在实验室或以讨论形式进行的课程,12%的课程是非讲授类课程。课程绝大多数都属于传统的3学分制课程——73%的课程被列为3学分制课程。在实验室或是以讨论形式进行的课程大多都是3学分或者4学分的课程,非讲授课程则以1或者3学分课程为主(表2.4)。

课程设置的总体模式适用于研究型机构、拥有博士点与硕士点的院校或综合性大学,但研究中的本科院校的课程设置模式有时与总体趋势不同。本科院校提供的讲授类课程大多数都是4学分的,且与其他类型的院校相比,他们的非讲授类课程在课程价值方面分配得更加均衡。

表2.4　四年制院校的不同课程类型中基于高校卡内基分类法赋予课程学分的课程数量

院校类型	课程学分					
	1	2	3	4	5	6
讲授类课程						
所有院校	2 664	1 505	25 712	4 734	371	258
科研院校	2 013	890	17 936	2 382	260	197
综合院校	601	518	7 379	835	75	42
本科院校	50	97	397	1 517	36	—
在实验室或是以讨论形式进行的课程						

续 表

院校类型	课程学分					
	1	2	3	4	5	6
所有院校	334	542	3 526	2 212	137	53
科研院校	237	327	2 750	1 835	131	49
综合院校	83	182	664	118	—	—
本科院校	—	33	112	259	—	—
非讲授类课程						
所有院校	2 588	677	2 136	366	55	55
科研院校	2 011	219	1 278	95	—	—
综合院校	518	377	798	152	—	—
本科院校	59	81	60	119	—	—

注释：本章节中的其他表格(表 2.5 到表 2.18)，"—"表明 n<30，由于课程记录太少，所以该样本不能包含在数据分析中，也不能作为得出结论的依据。

1. 课堂或课程时间

调查结果表明,时间的使用比根据时间来分配学分的做法更为一致：无论讲授类课程的学分是多少,它们的时间似乎都是平均每周 3 小时。然而,研究型或博士院校中讲授类课程的每周平均课时似乎有较大差异。对于 1 学分的课程,科研型或者博士院校的每周平均课时为 2.17 小时,而对于 6 学分的课程,每周平均课时为 4.15 小时(表 2.5)。

在实验室或以讨论形式进行的课程,与纯粹的讲授类课程相比,其课堂时间有更多变化。这类课程无论其学分多少,平均每周的课堂时间都为 4　5 小时。尽管如此,课堂时间的相对稳定还是很令人惊讶的；3 个小时的课堂时间显然是一个讲授类课程的标准,并且无论学生通过实验室或以讨论形式进行的课程的学习将获得多少学分,4学分或5学分似乎都是在实验室或以讨论形式进行的课程的标准。

2. 公立和私立院校的学分制模式

在公立院校中,讲授类课程大多是3学分,而在私立院校的讲授类课程中,3学分和4学分的课程分布均匀(表2.6)。和公立院校相比,私立院校的课程可能会更加偏离3学分的课程模式。但是在以实验室或以讨论形式进行的课程中,公立和私立院校的差别并不明显,都符合总体的趋势。

唯一值得注意的区别,就是在以实验室或以讨论形式进行的课程中,公立院校的课堂平均时间要多于私立院校(表2.7)。

3. 基于课程层次和学科划分的学分制模式

根据上述的总体趋势,学分制模式在课程层面并无不同。

表 2.5　四年制院校的不同课程类型中基于高校卡内基
分类法的课程学分,课程的周均既定课时

院校类型	课程学分					
	1	2	3	4	5	6
讲授类课程						
所有院校	2.26	2.67	2.92	3.16	3.36	3.84
科研院校	2.17	2.71	2.95	3.39	3.66	4.15
综合院校	2.56	2.62	2.86	2.96	2.64	2.77
本科院校	2.14	2.64	2.72	2.91	2.68	—
在实验室或是以讨论形式进行的课程						
所有院校	4.39	4.15	4.60	5.11	5.20	5.09

续 表

院校类型	课程学分					
	1	2	3	4	5	6
科研院校	4.54	3.99	4.61	5.21	5.20	5.25
综合院校	4.10	4.45	4.56	5.41	—	—
本科院校	—	4.03	4.38	4.25	—	—
非讲授类课程						
所有院校	2.41	2.71	3.34	3.41	3.34	4.07
科研院校	2.39	3.64	3.54	3.20	—	—
综合院校	2.44	2.06	3.03	3.87	—	—
本科院校	2.72	3.17	3.32	3.00	—	—

注释：关于"—"的说明请参考表 2.4 的注释。

表 2.6　四年制院校根据课程学分、院校性质、课程类型分类的课程数量

院校性质	课程学分					
	1	2	3	4	5	6
讲授课程						
公立院校	2 173	1 183	21 098	2 230	288	181
私立院校	284	255	2 736	2 146	82	77
在实验室或是以讨论形式进行的课程						
公立院校	280	503	2 768	1 459	103	39
私立院校	49	31	419	437	34	—
非讲授类课程						
公立院校	2 096	516	1 636	215	52	—
私立院校	357	83	468	133	—	—

注释：关于"—"的说明请参考表 2.4 的注释。

表 2.7　四年制院校根据课程学分、院校控制、课程类型安排的周均预定课时

院校控制	课程学分					
	1	2	3	4	5	6
讲授课程						
公立院校	2.3	2.6	2.9	3.0	3.5	3.9
私立院校	2.2	3.2	3.0	3.2	2.9	3.7
在实验室或是以讨论形式进行的课程						
公立院校	4.6	4.1	4.8	5.2	5.4	5.2
私立院校	3.3	3.6	4.1	4.6	4.6	—
非讲授类课程						
公立院校	2.3	2.5	3.3	3.6	3.3	—
私立院校	3.0	3.3	3.3	3.1	—	—

注释：关于"—"的说明请参考表2.4的注释。

无论课程层次如何，3学分制的课程仍然是最普遍的教学模式（表2.8）。比较有趣的一点可能是在多数本科低年级的课程中，大量的非讲授类课程似乎都是1学分。同时，院校设定的平均课时情况似乎未与总体有明显差异（表2.9）。但是，也有较小样本中可能出现不同于总体趋势的情况，因此任何结论或概括都是不合适的。

学科之间，根据课堂时间分配学分的模式并没有什么明显的不同（表2.10至表2.13）。然而，对于在实验室或是以讨论形式进行的课程来讲，生物、生命科学和物理科学这类课程更多的都是以4学分的课程为主，而相比之下，其他学科大多数都是以3学分的课程为主（外国语言文学的3学分和4学分课程数量相同）。然而，无论什么学科，无论学分是多少，在实验室或是以讨论形式进行的课程的平均课时都是每周 4 至 5 小时。

表 2.8　四年制院校根据课程学分、课程水平、课程类型分类的课程数量

课程水平	课程学分					
	1	2	3	4	5	6
讲授课程						
本科低年级	1 453	650	9 559	2 552	278	76
本科高年级	583	472	9 739	1 343	63	82
研究生	419	314	4 468	476	—	100
在实验室或是以讨论形式进行的课程						
本科低年级	194	316	1 415	1 319	102	15
本科高年级	96	180	1 371	480	—	—
研究生	39	38	400	97	—	—
非讲授课程						
本科低年级	1 645	172	733	136	—	—
本科高年级	629	368	778	142	—	—
研究生	179	59	591	70	—	—

注释：关于"—"的说明请参考表 2.4 的注释。

表 2.9　四年制院校根据课程学分、课程水平、课程类型安排的周均课时

课程水平	课程学分					
	1	2	3	4	5	6
讲授课程						
本科低年级	2.3	2.6	2.9	3.0	3.4	3.5
本科高年级	2.4	2.7	2.9	3.1	3.0	4.1
研究生	2.2	2.8	2.9	3.1	—	3.8
在实验室或是以讨论形式进行的课程						

续 表

课程水平	课程学分					
	1	2	3	4	5	6
本科低年级	4.4	4.1	4.5	5.0	5.3	—
本科高年级	4.0	4.2	4.8	5.1	—	—
研究生	5.3	4.2	5.0	5.1	—	—
非讲授课程						
本科低年级	2.2	2.8	3.7	3.6	—	—
本科高年级	2.8	2.4	3.3	3.5	—	—
研究生	2.9	2.8	3.0	2.9	—	—

注释：关于"—"的说明请参考表2.4的注释。

表 2.10　四年制院校中的根据课程学分和学科分类的讲授类课程数量

课程科目	课程学分					
	1	2	3	4	5	6
通信	45	35	1039	110	—	—
教育	252	201	1971	120	—	—
工程	195	66	1231	244	—	—
外国语言文学	43	61	1501	472	—	—
英语语言文学	—	—	2952	556	—	—
生物和生命科学	207	109	569	278	33	—
数学	37	43	1671	468	71	—
物理科学	339	64	759	301	56	—
社会科学和历史	76	—	3938	747	—	—
视觉及表演艺术	322	355	1546	295	—	—
保健专业及相关科学	45	51	359	87	—	—
商业管理和行政服务	72	125	2497	242	—	—

注释：关于"—"的说明请参考表2.4的注释。

表 2.11　四年制院校国家根据学分、学科、讲授课程安排的周均既定课时

课程科目	课程学分					
	1	2	3	4	5	6
通信	2.81	2.79	2.87	3.36	—	—
教育	2.26	2.67	2.94	3.20	—	—
工程	2.09	2.65	2.82	3.33	—	—
外国语言文学	2.76	3.03	2.81	3.10	3.91	3.08
英语语言文学	—	—	2.85	3.60	—	—
生物和生命科学	2.28	2.69	2.92	2.90	2.89	—
数学	1.66	2.57	2.93	3.18	3.20	—
物理科学	2.62	2.95	2.94	2.65	2.68	—
社会科学和历史	2.34	—	2.90	3.03	—	—
视觉及表演艺术	2.45	2.64	3.17	3.26	—	—
保健专业及相关科学	1.90	2.61	2.95	3.31	—	—
商业管理和行政服务	2.54	3.20	3.02	3.41	—	—

注释：关于"—"的说明请参考表 2.4 的注释。

表 2.12　四年制院校中基于学分和学科划分的实验课或讨论课的课程数量

课程科目	课程学分					
	1	2	3	4	5	6
通信	—	—	156	—	—	—
教育	40	—	234	—	—	—
工程	39	84	349	148	—	—
外国语言文学	—	—	193	197	—	—
英语语言文学	—	—	218	28	—	—
生物科学和生命科学	40	41	116	297	—	—
数学	—	—	278	254	43	—
物理科学	—	38	111	636	38	—
社会科学和历史	—	—	453	82	—	—
视觉及表演艺术	63	156	158	55	—	—
保健专业及相关科学	—	—	61	35	—	—
商业管理和行政服务	—	—	203	—	—	—

注释：关于"—"的说明请参考表 2.4 的注释。

表 2.13 四年制院校中基于学分和学科划分的
实验课或讨论课的周均既定课时

课程科目	课程学分					
	1	2	3	4	5	6
通信	—	—	4.34	—	—	—
教育	5.35	—	5.00	—	—	—
工程	3.22	4.29	5.02	5.50	—	—
外国语言文学	—	—	4.02	5.74	—	—
英语语言文学	—	—	4.25	5.13	—	—
生物科学和生命科学	4.35	5.40	4.88	5.72	—	—
数学	—	—	4.58	4.35	5.73	—
物理科学	—	4.43	4.82	5.12	4.82	—
社会科学和历史	—	—	4.10	5.14	—	—
视觉及表演艺术	4.39	3.86	4.48	3.76	—	—
保健专业及相关科学	—	—	3.74	4.70	—	—
商业管理和服务	—	—	5.25	—	—	—

注释：关于"—"的说明请参考表 2.4 的注释。

两年制院校课程文件数据结果

共有 9 所两年制院校提交了它们的课程文件,其中有一些院校位于大学集中区,因此他们提交的报告是以多所院校为单位的。与四年制院校的课程一样,课程分别被确定为讲授课程、实验或讨论课程,以及非讲授课程。就像在四年制院校中描述的那样,两年制院校使用了相同的数据清理程序。关于在数据清理过程中,每个阶段清除了多少课程记录,请参考表 2.2 的注释说明。可分析的数据涵盖 1 到 5 学分的课程,但经过数据清理后,6 学分课程的数量太少(只有 27 个课程记录),因此在分析中就把它们删除了。

与四年制院校很相似的一点是,两年制院校的课程文件中大部分课程(64%)都是讲授类课程(4%是非讲授类课程,33%是以实验室或讨论形式进行的课程)。在讲授类课程中,70%是有3学分的,16%是4学分的课程。和四年制院校一样,课程记录方式似乎并没有与传统的3学分课程模式相差甚远。除此以外,65%的实验室或讨论课课程的学分是3学分,14%是4学分。令人惊奇的是,425门非讲授类课程被记录了下来,且85%的非讲授类课程都是1学分。

1. 课堂或课程时间

这些数据也表明,和四年制院校相比,在两年制院校的讲授类课程中,学分和课堂时长之间的关系更加紧密。根据学分,虽然1学分和2学分的课堂时间比预期的要长一些(分别为1.99小时和2.96小时),但是仍有41%的1学分的课程每周课时为1小时,45%的2学分课程每周课时为2小时。而3学分、4学分和5学分的课程似乎都在遵循一个较为固定的模式。3学分的课程每周平均课时为3小时,4学分的课程每周平均课时为3.88小时,5学分的课程每周平均课时为4.89小时(表2.14)。

对于实验课程或讨论课程,平均来讲,课程学分越多,课时就越长。然而,在两年制院校,这类课程学分和课堂时长之间的联系并不像讲授类课程那样紧密。当我们比较两年制和四年制院校的实验或讨论课时,两年制院校的课时变化会更多。在参与研究的两年制院校中,1学分课程的每周平均课时为2.97小时,而

5学分的实验类课程的每周平均课时为5.75小时。在四年制院校中,实验类课程每周的课时在4.39小时至5.2小时之间不等。

表2.14　两年制院校中根据课程学分和课程类型安排的周均课时和课程数量

课程数量和时间	课程学分				
	1	2	3	4	5
讲授类课程					
课程数量	273	315	5 203	1 181	445
预定课时(小时)	1.99	2.96	3.00	3.88	4.89
以实验或是讨论形式进行的课程					
课程数量	331	156	2 486	539	293
预定课时(小时)	2.97	3.33	3.97	5.07	5.75
非讲授类课程					
课程数量	359	53	—	—	—
预定课时(小时)	2.56	4.11	—	—	—

注释:关于"—"的说明请参考表2.4的注释。

就像上面提到的,两年制院校中,大部分非讲授类课程都是1学分。除此之外,对于非讲授类课程很难得出其他结论,因为只有1学分和2学分的非讲授类课程报告记录是充足的。

2. 基于学科划分的学分模式

与四年制院校的情况一样,参与研究的两年制院校中没有较为突出的基于学科划分的学分模式;无论什么学科,3学分课程都是最为普遍的。对于讲授类课程来说,在学科上有一些细微的变化(表2.15)。大部分的外国语言文学课程都被列为4学分课程。另外,计算机信息科学和数学的课程中,3学分和4学分的课程的数量是均等分布的。在讲授类课程的课时方面,最为清晰的结果(表2.16)是无论什么学科,3学分课程的周均课时都大约为3小时。唯一的例外就是,3学分的计算机信息科学课程的每周平均课时为3.93小时。

同样,大部分的实验类或讨论类课程,无论什么学科,都是3学分(表2.17)。有趣的是,计算机信息科学课程在这类课程中同样较为特殊,大多是1学分。此外,物理科学课程分为3、4和5学分,而不是大量集中在某个学分。

然而,基于实验类课程的课堂时长来分析学分模式却并没有那么简单(表2.18)。总体来讲,根据这些课程的学分,它们的课时似乎比预期时间要长一些。尤其是物理科学、视觉及表演艺术、保健专业及相关科学这类学科的课程中,此情况最为突出。例如,在物理科学这门学科中,3学分和4学分课程的每周平均课时超过6小时(6.56小时)。这并不特别令人惊讶,因为在视觉和表演艺术,健康科学和物理科学中,可能会有大量的实验、实践和工作室工作,这些学科的课时则比平常的讨论课时更长。

由于两年制院校的课程文件样本量太小,非讲授类课程的学科划分尚未实现。

表 2.15　两年制院校根据学分和学科划分的讲授类课程数量

课程科目	课程学分				
	1	2	3	4	5
通信	—	—	62	—	—
计算机信息科学	—	—	138	176	—
教育	—	—	262	—	—
外国语言文学	—	—	31	124	—

续　表

课程科目	课程学分				
	1	2	3	4	5
英语语言文学	—	—	1 551	73	147
数学	—	—	424	333	56
物理科学	—	—	65	—	—
社会科学和历史	—	—	625	—	39
视觉及表演艺术	76	50	298	—	—
保健专业及相关科学	—	54	108	—	—
商业管理和行政服务	—	36	560	281	50

注释：关于"—"的说明请参考表 2.4 的注释。

表 2.16　两年制院校根据学分和学科安排的讲授类课程预定课时

课程科目	课程学分				
	1	2	3	4	5
通信	—	—	2.98	—	—
计算机信息科学	—	—	3.93	3.76	—
教育	—	2.20	2.94	—	—
外国语言文学	—	—	2.95	4.07	—
英语语言文学	—	—	2.96	4.00	5.03
数学	—	—	3.01	3.81	4.71
物理科学	—	—	2.98	—	—
社会科学和历史	—	—	2.95	—	5.00
视觉及表演艺术	2.36	3.06	2.96	—	—
保健专业及相关科学	—	2.26	2.99	—	—
商业管理和服务	—	2.64	2.92	3.62	4.81

注释：关于"—"的说明请参考表 2.4 的注释。

表 2.17　两年制院校根据学分和学科划分的实验类课程

课程科目	课程学分				
	1	2	3	4	5
计算机信息科学	158	—	53	77	—
教育	58	—	—	—	—
外国语言文学	—	—	—	—	—
英语语言文学	31	—	699	—	37
数学	—	—	206	—	—
物理科学	—	—	158	82	103
社会科学和历史	—	—	140	—	—
视觉及表演艺术	31	—	331	70	—
保健专业及相关科学	—	33	—	—	—
商业管理和服务	33	—	330	—	—

注释：关于"—"的说明请参考表 2.4 的注释。

表 2.18　两年制院校中根据学分和学科划分的实验类课程的每周安排课时

课程科目	课程学分				
	1	2	3	4	5
计算机信息科学	3.17	—	3.21	3.12	—
教育	2.95	—	—	—	—
外国语言文学	—	—	—	—	—
英语语言文学	2.81	—	3.97	—	5.14
数学	—	—	3.16	—	—
物理科学	—	—	5.14	5.18	6.56
社会科学和历史	—	—	2.88	—	—
视觉及表演艺术	2.00	—	5.09	5.68	—
保健专业及相关科学	—	4.49	—	—	—
商业管理和行政服务	2.94	—	3.16	—	—

注释：关于"—"的说明请参考表 2.4 的注释。

3. 调查结果及结论

很明显,这些调查结果并不是完整的,而且在一定程度上是令人感到困惑的。如果换一种提问的方式,或许得出的数据会更加合理。事实上,我们从基于课时分配学分的调查结果中并不能得到足够的关于学分制的信息。关于教学性质的细微差别以及不同类型教学之间的差异,都在课程工作转化为注册记录文件的过程中被掩盖了。基于以上研究结果,不能得出关于高等教育中教学创新程度的结论。数据结果体现出一个一般的事实,即这项研究的样本说明,无论是在四年制院校、两年制院校,还是公立或私立院校,院校记录学生学习情况的主要方式就是学分制。大部分四年制院校没有为学生和教师提供学分制的内部政策。所以尽管院校有实行学分制的要求,但是关于学分制的实行并没有一个明确的政策规定。这意味着院校中必然存在着学分制的差异,且并未特别关注学分制具体实施程序的一致性。与四年制院校相比,两年制院校更可能会有关于制定新课程学分的书面政策。

在不同类型、性质的院校或不同的课程层次及其课程学科,主要的教学方式都是讲授类课程。由于院校中不同类型的教学形式没有特定的代码,所以我们并不知道不同类型的教学形式(团体教学、互联网辅助的课堂教学或是以社区服务为目的的教学)在多大程度上被当成"讲授类课程"。

绝大多数的课程都是 3 学分的。尽管有一些例外——比如,本科院校会更倾向提供 4 学分的课程——但是 3 学分的课程仍然是总体特点。

在四年制院校中,即使是讲授类课程,学分的分配似乎也并不是以课堂时间为基础。相反的是,在两年制院校的讲授类课程中,学分的分配和课堂时间似乎有着密切的联系。然而,在实验课或讨论课中,该联系并不十分密切。

总体来讲,课堂时长的变化小于所分配学分的变化,这表明各院校的时间利用方式没有学生学习的记录方式那么灵活。两年制院校和四年制院校均存在这种情况,但在四年制院校中体现得最为明显。在四年制院校中,无论课程学分多少,讲授类课程每周的课时似乎都在3个小时左右,实验课或讨论课的课时均为每周4个或5个小时。

基于院校类型、院校性质、课程学科以及教学水平,我们期望找到四年制院校中的一种特殊的学分制模式。然而在大多数情况下,我们并没有找到这种模式。本科院校提供的大多数讲授类课程都是4学分的,其他类型院校的大多数课程却是3学分的。在公立院校中,讲授类课程大部分是3学分的,而在私立院校中,3学分和4学分的课程分布较为均衡。研究发现私立院校在学分判定方面略有差异。总体来讲,学科层面的学分模式并不明显。和其他学科相比,生物及生命科学和物理科学的实验课或讨论课更多是4学分的,而在其他学科中,这类课程基本都是3学分的(外国语言文学的3学分和4学分课程分布是均衡的)。无论什么学科,学分多少,实验或讨论性的课程每周平均课时仍为4小时或者5小时。课程层面也没有独特的学分模式。

然而,在两年制的院校中,情况却是不同的。我们期望在两年制院校中,看到一些学分判定方面的细微变化,调查数据证明了我们的假设是正确的。至少在讲授类课程上,和四年制院校相比,两年制院校的变化更少一些。在它们的课程文件报告中,更倾向为课程学分的分配提供内部政策规定和外部方针指导。尽管所有这些调查结果都具有不确定性,但表明社区学院在学分制实施中受到的监管程度要高于四年制院校。

然而,我们对所有院校数据的实质有效性还是持怀疑态度,并且我们不确信课程文件的记录是否准确反映了院校的真实实践情况。抑或是院校为了便于报告和记录,进行创新性的教学实践并将其"转化"为典型的3学分课程。在此需要强调的是,本研究分析中不包括未包含课程学分和时间的课程文件。而这些未分析的课程可能是我们无法了解到的更具创新性的课程。并且,这里呈现的数据只能表明课程工作是如何被记录下来的,但不见得能说明教学资料是如何被教授的。为了适应传统的记录方式,有些创新性的教学方法被记录下来后,很可能看起来和传统的方法是一样的。尽管如此,如果数据是"真实的",那么它们就充分表明,每周3小时,每周3天的讲授类课程的形式仍然从本质上限定了高等教育机构的教学方式。我们预期,由于学科、教师以及课程方面的差异会导致教学模式的差异,但当前却并没有得以体现。虽然不能说学分制是造成这种状况的全部原因,但它也应该是一大影响因素。

参考文献

National Center for Education Statistics. *Classification of Instructional Programs*-2002. Washington, D. C.: National Center for Education Statistics, U. S. Department of Education, 2002.

第三章

学生在课堂上的学习是获取学分的前提。然而对大多数公立高校来说,学分仍旧是学校创新的一个阻碍。但是,高校中较为了解学生学习创新领域的领导者已经找到方法解决当前学分制存在的问题。

学分是创新的一个潜在阻碍:
来自创新型高校的启示

托马斯·欧利希

本章概述了对来自不同的教学创新型高校人员的访谈结果,以了解他们引领制度性变革的经验和他们对学分制作用(积极或消极)及其程度的认知。根据项目顾问委员会的建议,我们选取了十一家可能是国内教育创新领域的行业先驱。通过所选的这些代表性的高校,我们可以了解到包括教学方式、教学法、课程设置等方面一系列的创新方法。我们对这些高校的官员进行了电话访谈,获悉用来衡量学生们学习和表现情况的学分制在何种程度上阻碍了高校创新。每个人都会被问及有关高校如何处理关于学分制的内部和外部事务的问题。相关文件已送达下列名单中的各院校[已收到阿尔维诺学院(Alverno College)、凤凰城大学(University of Phoenix)、新佛罗里达学院(New College of Florida)和伊克塞尔希尔学院(Excelsior College)的具体评论]。

创新型高校

位于密尔沃基(Milwaukee)的阿尔维诺学院建于19世纪,是一所专为女性设立的、小型非营利性私立天主教学院。自从1970年以来,阿尔维诺学院一直是国内本科教育的先驱。该学院已经出台了关于学生的"八大核心素养及其六层次"("Eight Abilities and Six Levels")的文件。

位于蒙特雷湾(Monterey Bay)的加州州立大学是加利福尼亚州立大学[California State University(CSU),公立综合性大学]系统里的一个小分校,该校区所在地之前是一个军事基地。建校宗旨为推进成果导向型教育、鼓励加州州立大学的其他校区进行创新。社区服务性学习贯穿于学校的整个课程中。

位于康涅狄格州(Connecticut)新不列颠市(New Britain)的查特奥克州立学院(Charter Oak State College)是一所公立学院,由康涅狄格州立法机关于1973年创立。该学院课程普遍是通过网络授课,这使得学生能通过远程教育进行学习。纽约萨拉托加矿泉城(New York, Saratoga Springs)的帝国州立学院(Empire State College)成立于1971年,是纽约州立大学系统的一部分。帝国州立学院以多种形式授课,该学院有一个特殊的使命:以远程教育为重点,开发和使用个性化教学的新模式。

纽约奥尔巴尼市（Albany）的伊克塞尔希尔学院（Excelsior College，原摄政学院）于三十年前建立，是一所针对在职成年人的私立非营利性高校。该学院学生可以在伊克塞尔希尔学院获得原有学习的学分，并且可以以远程教育或者在伊克塞尔希尔学院上课的形式，来接受任何受认证的学院或大学、任一领域的课程教育。

美国华盛顿州奥林匹亚（Washington，Olympia）的常青州立大学（Evergreen State College），是一所寄宿制的公立学校。它建于1967年，且有自己的董事会。该大学所有的课程项目都是跨学科的，且都是时长为90分钟的大课。学生每学期选择学习一个项目。常青州立大学在开发合作性学习的模式方面具有领导力，享誉国内。

萨拉索塔（Sarasota）的新佛罗里达学院最初建于1960年，是一所私立非营利性学院。但是，在1975年，该学院成为南佛罗里达大学（the University of South Florida，公立学校系统）的一部分。2001年，佛罗里达的高等教育管理领域发生了改变，新佛罗里达学院再次变为一所受公众认可的独立学院。师生协商签署了一份学术协议，协议中涵盖了学生的预期学习内容。学生获得的学分并不是基于他们的课程，而是基于他们对协议内容的达成程度。

美国新泽西州特伦顿（New Jersey，Trenton）的托马斯爱迪生州立学院（Thomas Edison State College）建于三十年前，它是一所州立大学，旨在促进远程教育的发展。这所公立学校叫为学生们提供记录自身大学知识和网络课程的机会。

田纳西州格林维尔（Tennessee，Greeneville）的塔斯库勒姆学院(Tusculum College),是一所小型的私立文理学院。它围绕共计九项欲实现的培养结果或能力来制定一门公共课程。多门课程构成了学校的一个核心课程体系。

凤凰城大学,是一所以营利为目的的私立学府。该大学已成为国家最大的提供高等教育的机构,有超过10万名学生,其中包括3万名接受远程教育的学生。学生全部都是在职成年人,教师团队设计课程并对课程予以评估,然后进行课程教学。

盐湖城(Salt Lake City)的西部州长大学[Western Governors University(WGU)],旨在为明晰本科教育成果提供一个新的方法,因此该校通过远程教育对学生的表现进行评估,以推动教育成果的实现。西部州长大学由除加利福尼亚州之外的西部几个州的州长组成的财团联合扶持。

令人惊讶的是,我们了解到,在这些高校中,除了西部州长大学,其余高校都不觉得学分制对于学生学习领域的发展是一个很严重的阻碍。它们都找到了将学生的学习量化为学分的方法,至少必要地克服或规避了学分制可能带来的障碍。虽然以学分的形式记录学习的这一外部要求令人不悦,但是除了西部州长大学,所有的高校都找到了应对这一问题的办法。

为何这些高校能想出应对学分制问题的方法?基于反复思考,我们发现,这些引领创新的高校存在一个共同点,即它们对"学生学习"这一领域要达成的目标及其实践举措均有明确规划。它们研发出多种具有激励性的学习模式,这些模式在制度衔接上具有相对的连贯性,适用于借助互联网,开展远程教育或想要扩展远程教育市场的高校。它们正成功地服务于具有较强流动性的学生。这些学生可能只是需要接受特定的课程,而非需要全部的本科课程。这种办法同时也适用于本科教育中综合性地关注学生技能和知识的高校。这些高校要么侧重教育结果（如阿尔维诺学院、蒙特雷湾的加州州立大学、塔斯库勒姆学院），要么侧重教育过程（如常青州立大学）。西部州长大学同时重视结果和过程两方面，且在学校创新中具有自身的特色。但同时兼顾结果与创新两方面的目标可能会增加高校面临的困难。如下所述，学校创新的问题更多地涉及市场问题，而非外在的学分问题，尽管学分问题确实会产生一定影响，其他院校在制定课程时也遇到了许多障碍，但是这些学校能够根据外部机构的需求，基于学分制来定义学生的学习。

如果关于创新型高校的上述结论是正确的，我们还是会怀疑这一结论，即认为学分制是学校创新的潜在性实质障碍。对于没有采用上述创新手段来教学的学校，以及那些通常以统计指标体系为核心来维系学校运转的高校，学分是他们进行学校创新的一个主要障碍。因为，学分制是会计体系的组成部分。它是高等教育学术和行政管理领域的评价核心，其用途不仅仅是衡量教学，还涉及一系列行政、财务和监管要求。尤其是在公立学校，学分已经嵌入到课程规划、在校修课要求、教学日历以及预算系统之中，这些方面共同形成难以克服的巨大阻碍（对这些问题将在下面章节里详细展开论述）。

远程教育的提供者

一些院校自诩为远程学习服务商，通过远程授课以满足流动性较强的学生（其中主要为在职学生）的学习需要，而这些院校都面临着一个问题，那就是学分制已经逐渐被视为衡量课堂时间的方法，至少在某种程度上是这样的。但同时，一些像查特奥克州立学院的这类院校的学生，他们不参与传统课堂学习。相反，他们通过在线完成课业的情况（由查特奥克州立学院的老师进行检查）获取学分（托马斯爱迪生州立学院和伊克塞尔希尔学院采用相似的办法）。在过去，学生们要么是通过一门标准化专业能力测试获取学分，要么是通过纸质文件，证明他们所学的知识具有国内被认可的某所高校所承认的同等学力。当外部机构或学生即将转入的学校要求将学生的学分转化为学时的时候，所有的这些学校都会这样做来规避问题。比如查特奥克州立学院，在学生获取课堂学分方面，采用学时制，通常每门课 3 或 4 学分，之后这个学分再被转换为学时。许多学生将转入的高校都认可这一方式，联邦和各州的官员也对此表示认可。

伊克塞尔希尔学院主管教学的副校长保拉·佩恩威奇（Powla Peimovich）称，在课程设计时会以课程目标为出发点，并允许教师参与设计，且很多教师在不同院校身兼数职。基于他们以往的教学经验，他们清楚一门 3 学分课程的成果应该是怎样的，然后，他们进行课程设计。学生们通过学习这些课程来取得学分。因此，在课程的研发过程中，他们并没有关注一些 3 学分课程与其所需耗费精力不相匹配的现实（无论是学生还是负责的老师，相对其他课程而言，均需要付出更多）。但是，教师们试图在伊克塞尔希尔学院的课程中制定一个共同的课程标准，以便为教师提供判断学生是否完成 3 学分课程所规定作业量的依据，各学科之间大致相似。伊克塞尔希尔学院采用这种方法并将学生的学习成果评判标准转化为学时，可以避免学分制带来的弊端。

与加利福尼亚州立大学系统里的位于蒙特雷湾的加州州立大学所发挥的作用相似,帝国州立学院在纽约州立大学系统里率先倡导和推进基于新方法的本科教学实验,这可能有益于整个州立大学系统。这样做,部分也是为了减轻该大学系统在低招生率地区所拓展的分校区的压力,同时也为了促进该系统各校区的合作,以便更好地服务本校学生。帝国州立学院的教师也采用了一种可避免学分制弊端的制度。该制度以纽约州的政策为基础,它将非课堂的学习量化为学分,这项政策已经实施了一段时间。实质上,这项政策是将40到45小时的"非课堂学习"等同于3学分,以便于学生的自主学习、实习和远程教学等。基于这一政策,帝国州立学院的教师称,每学期学生获得的学分应该相当于40个小时的课上或课外学习时间。对于一个3学分的课程,教师要确保每个学生一共有120小时的学习时间。州政府官员和联邦官员显然都接受了这种方法。

　　这些开展远程教育的高校面临的一个主要问题就是联邦对学生的经济援助问题,学校获得的经济援助与校历、最少教学周数、全日制和在职学习的定义以及对远程学习方面的规定有关。而联邦政府所限定的这些要求也是为了避免经济援助方面的不诚信问题,在20世纪70年代和80年代,某些远程教育高校谎称为学生提供学费(和学生贷款)资源,却未真正将所获资助用于学校教学方面的改进。有些学校作为"函授学校"而运作,在联邦法律里其与远程教育等同(这些问题将在第六章详细讨论)。然而,这些越来越荒谬的联邦要求促进了一项学生援助示范计划的出台,该计划旨在替代传统的、基于教学时长的法规。西部州长大学、查特奥克州立学院以及其他高校已经申请并获得示范项目资格,这使得它们为学生提供援助更加容易。

课程创新者

另一类高校是本科教学领域的创新者。与上文描述的远程教育提供者不同,这些高校主要为想要取得学士学位的全日制本科学生提供服务(尽管在阿尔维诺学院的学生中,大部分学生上的都是周末学院)。与远程教育高校不同,学生的入学或转校于这些高校而言并不是一个大问题,因此这些高校能够更好地进行综合课程的开发工作。尽管这些高校的领导人并未意识到挑战或改变学时制本身就是他们教学改革的目标,但是传统观念里将本科教育定义为累计120学分的课程(或在某些学校定义为32门课程),在一定程度上启发了他们。

在这部分创新高校中,最常见的方法是直接将学校的所有教学工作都以学分计算,这与那些专注远程教育的院校非常相似。例如常青州立学院,学生每年申请一门课程,每门课程可获得48个学季制课分[1]。全日制学生(90%的学生是全日制)需上4门,每门时长为4小时的课程或共计16个学季制学分的课程。但是没有真正单独的课程,只有与课程相关的项目。例如,一个

---

[1] 译者注:Quarter(学季制)—— 美国有20%左右的高等院校采用这种学制,是将一学年划分为四个学段,各为10周左右的时间,一年大约有30个学时周,上课的时间是三个学段,分别为 Fall Quarter(秋学季)9—12月;Winter Quarter(冬学季)1—3月;Spring Quarter(春学季)4—6月;Summer Quarter(一个暑假)7—8月。采用 Quarter 学季制的美国大学要求学生修完180—192个学分才可以毕业,学生每个学季需要修14—18个学分,每门课程大致为2—4个学分。

新生可能会在他的第一学年参与"伟大书目"计划,而这就是他今年要做的全部。常青州立学院的前任教务长芭芭拉·史密斯(Barbara Smith)认为,与学分相比,50分钟的学时对于有效的教学而言是一个更严重的障碍,但常青州立学院并不存在这种阻碍。包括全体讨论和研讨在内,常青州立学院的标准课程时间段为3小时。常青州立学院的教学宗旨是促进学生学习,并培养学生团队协作学习能力。

常青州立学院的创始人有一个促进学生合作学习的本科教育理想,该学院所有项目也都基于此。实现这一目的需要花费大量的时间和精力。在这种情况下,克服学分制的弊端很难实现。位于蒙特雷湾的加州州立大学有一个相似的愿景。该校区于1994年加入加州大学系统,成为其第21个校区,部分原因是该校区毗邻海岸,旧为军事基地,后得以开发民用。但更重要的是,校长和该学校的其他高级管理人员认为这是一个机遇:通过对一个关注整合性学习的本科高校的领导,促进整个高校系统的创新。像帝国州立学院一样,该校区从一开始就得到国家高校教育和州立大学系统内校领导的支持,两者的支持都有助于攻克校内的创新障碍。加州州立大学的这一观念的主要特点是发展十三个"大学学习的能力",比如"社区参与","创造性和艺术性表达",以及"民主参与"。毕业生必须足够达到各个大学所要求的程度,包括服务性学习课程和面向高年级学生开放的"顶点课程"在内的其他创新性要求。从一开始,"愿景声明"就致力于引领学校决策。该文件在全校发布,每年年初,新入职的教职员工都会在公开仪式上进行文件签署。该校区最初就颇受争议,但是就加州州立大学内部、其他州和联邦,以及就学生流动方面而言,该校区在将学生学习转换为学分方面没有什么问题。

尽管方式有所不同,阿尔维诺学院和塔斯库勒姆学院(Tusculum College)都制定了具有明确成果规定的课程目标。阿尔维诺学院在全国范围内,从始至终是这个领域的领导者。该学院已经发表了大量著作,主要关于如何使本科教育成为一种连贯性体验,引用最近一部关于阿尔维诺学院课程方面的书名来说,也就是"持续性学习"。塔斯库勒姆学院尤为关注培养更好的公民,虽然其教育培养方案在很多方面与阿尔维诺学院有相似之处。

在新佛罗里达学院,学生参加课程并不获得学分或成绩。每学期,学生和指导老师都会签署一份"学术协议",协议内容指定了该学期的课程和其他学术活动。学生必须完成七项学术协议规定的内容才能毕业。所有学生必须是全日制的,这意味着在佛罗里达州公立大学收费系统下,学生每学期需要支付16个小时的课程费用。这笔费用使得他们可以与教师签订学术合同,合同中可能包括任意数量的课程、实习、志愿者工作和独立性学习方面的内容,或者由师生协商的这些或其他学术活动的任意组合。每份被签署的合同,在第一学期相当于16学分,在第二学期相当于20学分(1月是一个独立的学习时段,被计入为第二学期的一部分)。如果学生有转学意向,新佛罗里达学院将该学生的每节课程等同于4个学分。州和联邦当局接受此种方法。因此,同阿尔维诺学院和塔斯库勒姆学院一样,新佛罗里达学院也受某种教育愿景的影响,在这种情形下,学分制的阻碍作用不是很明显。

西部州长大学是一个值得特别提及的特殊院校,还有凤凰城大学,但是提及二者的原因有所不同。根据其副校长兼首席学术官奇普·约翰斯通的说法,西部州长大学的成立,部分原因在于人们对用学分衡量的教学质量和学分制这一衡量标准感到失望。有关人士认为,仅靠学分并不能很好评价能力。在他们看来,学分甚至不能衡量学生的努力程度,只是一种计算在座位上待了多久的方法。西部州长大学不授予学生学分或采用其他的学分衡量方式。学生想要获得成功的唯一途径是通过接受评估来证明自己的能力。西部州长大学现在设有两个学士学位,一个是商业科学学士学位,侧重点是信息技术管理,另一个是计算机信息系统的理学学士学位。

大体上说,西部州长大学主要侧重三个方向:商务、信息技术和教师教育。这三个领域主要面向年龄较大的在职成年人,而不是18至24岁的学生。这三个方向中的每一个专业,都受到一个由6至9人组成的高等教育专家和行业专家组成的理事会的指导。首先,理事会确定学位结构和教学能力的要求。然后,国家评估委员会再确定即将使用的评估方法。每位在读的学生都有一名导师(他们遍布全国各地,都是"教师")。导师帮助学生确定所要学习的内容,以备评估。西部州长大学的网络课程中有来自40个高校的1 200门课程。导师是学生与课程资源之间的桥梁,而课程是获得能力的方法。除此之外,西部州长大学并不关心其他任何事情。

一个关键性的突破口是西部州长大学与联邦官员签订的并受其监督的财政援助协议。这个协议将西部州长大学作为一个全日制或在职教育,以及取得可观学术进步的示范项目。否则,联邦政府在远程教育和校历方面的限制将使该校学生无法获得经济援助。

西部州长大学现已做出妥协,允许学生的能力证书转换为学分,学生所在学校和其他高校都可以使用学分制这一衡量标准。为此,西部州长大学与两年制和四年制高校协商制定了协议,方便学生的转入和转出。西部州长大学与一些社区大学(两年制院校)达成了衔接协议,为奖励成功完成转校课程要求的学生,允许学生进入西部州长大学攻读大三大四课程,即相当于他们已经获得该校学位所需的120学分中的60学分。西部州长大学也已与一些四年制的学校签订了类似的协议,学生若达成西部州长大学的能力要求,可获得60学分的转换学分。为了帮助想要转学的学生,西部州长大学还将反映学生能力的成绩报告单转化为传统的学分制下的学分。例如,要想取得西部州长大学的学位,需要取得120学分。如果语言方面的要求所占比例为20%,体现在成绩单上的就是24学分。西部州长大学的管理者认为,他们必须接受这种学分制转换,因为如果西部州长大学并不以学分制方式作为评价标准,那么其他高校的管理者可能不会认可这种对学生能力的评价方式。

获得地区性认证对西部州长大学来说也是一项挑战。该大学可以轻松申请一个或多个来自国家认证机构的认证,例如远程教育培训委员会的认证。这些认证机构已经习惯于和不同州的远程教育高校进行合作。由于西部州长大学的目标是促进全方位的高等教育改革,而区域认证被广泛地认为是最有声望的高等教育认证形式。西部州长大学在几个地方开办分校,该决定意味着西部州长大学对区域认证组织以及质量审查标准发起了有力的挑战。对此,一些区域认证机构成立了一个特殊联盟,仅仅为与西部州长大学开展合作。

为了与西部州长大学的相关人员取得合作,四个地区认证委员会抽调人员组成了一个工作组。最初,该工作组对西部州长大学进行审议,这一过程花费了大量的时间,旨在判断该大学是否通过地区性认证而成为"高等教育机构"。这个关于认证的基本问题需要一些时间来解决,尽管它的结构是非常规的,最终该工作组决定批准西部州长大学为高等教育学校。虽然在编写本章时最终认证还未完成,但是西部州长大学获得的区域认证的候选资格已被接受。

　　与此同时,为获得远程教育和培训委员会的全面认证,西部州长大学已经有了一定改进。由于该委员会是认证多种军事教育项目的主体,因此获得该委员会的认证对西部州长大学来说是一个很大的优势。然而,到2001年夏天,西部州长大学只有1150名学生学习了至少一门课程,其中250名学生正在攻读学位。尽管有夸张的说法称西部州长大学将会因生源问题而处于困境,但这种情况并没有发生。之所以没有发生,是因为学生可以在一系列远程教育课程中进行选择。现在,在校上课的多数学生更期待通过互联网学习更多课程。他们需要简化的学分转换,也就是学分制。他们不想向其他高校解释所有关于学习能力及其评估相关的问题。因此他们不选择西部州长大学。这一现状的改变需要很长时间。

　　约翰斯通(Johnstone)认为与州政府(有6个已经签署过)和企业(网威是目前唯一签署协议的)签署合作协议有着很大的潜在市场。员工可以在州或者企业的网站学习西部州长大学的课程。举例来说,全国城市联盟的员工如果想升职到Z岗位,他们需要证明具有X和Y能力。西部州长大学的员工将这些能力体现在课程中,使员工能够通过课程的学习证明自己的能力。一些州也要求其员工证明某些方面的相关能力,而西部州长大学可以提供证明的工具。这是否意味着整个西部州长大学系统将其目标从一开始的主要关注学生的学习情况转变为单纯关注课程学分?该大学可能不会这样做,约翰斯通推测学术课程不会是推动西部州长大学未来发展的唯一因素。他推断会有更多的学生来西部州长大学就读,如那些已经在读的学生一样,他们是为了获得资格认证或者是为了满足岗位要求而学习,而不是为了取得学术方面的成就。因此学生们通常会(但并不总是)选择附有学分的课程。西部州长大学的成绩单上会列出课程的学分,同时也会清楚地显示学生通过课程的学习所获取的具体能力。

简而言之,对于西部州长大学来说,在学校获得联邦财政援助、学校资格认证和学分转换方面,学分制均造成了很大的障碍,但这些障碍大多已经被克服了。最大的障碍是学生能力的获得,尚未得到解决。对于许多学生来说,市场提供了太多选择,使之将时间和金钱投入到有效性未经明确证实的学校实验中。与此同时,西部州长大学仍然决心通过重新定义和改革本科教育来证明自己,且试图利用政治杠杆来迫使市场发挥作用。

凤凰城大学现在是全国最大的私立高等教育学府(远远超过最大的私立非营利大学),也是全国高等教育发展最快的学校。该校所有学生都是在职成年人;在职是准许学生入学的一项要求。在其超过10万名学生中,75 000人在校就读,25 000人学习其网络课程(它也是最大的在线教育学校)。学生的平均年龄为35岁,平均工作经验为12年。该大学在每个校区都有一个全职教师的核心团队,还有许多如兼职的特聘教师等。

根据学生人数,凤凰城大学设计了自己的课程模式,在校学生每周上课4小时,需要上5周或6周的课(本科生为5周,研究生为6周)。错过4周或6周课的学生需要重修整个课程。每班有14名学生,由3到5名学生组成一个学习小组。每个学习小组每周进行几个小时的课堂交流。所以,学生们在每门课上要与老师共处24小时,在学习小组也要额外花费20个小时。凤凰城大学强调学生作为学习者,教师作为指导者,学生的学习情况基于考试前后的结果被衡量。

与其他高校一样,凤凰城大学也被要求将其课程转换为学分,标准时长5周的课程则相当于3个学分。大多数州似乎都接受这种学分转化方法。然而,有些地方,如纽约州和新泽西州,给凤凰城大学带来了困难。不仅仅是因为学分问题,还有当地学生不能和老师建立充分联系的问题。这一问题致使教学过程发生变化:现在,学习小组需要每周与教师进行一次会面。尽管凤凰城大学的领导层表示不喜欢过多限制学生的学习时间,但是他们认为学生与教师共同学习的时间很重要,因此,凤凰城大学也并不抗拒这一变化。和那些不关注学生的课堂出勤情况的大多数高校相比,凤凰城大学将学生出勤看得非常重要。他们认为,大多数高校都在关注学校时间表,而不是学生真正的学习时间。因为凤凰城大学的学分得到北部中央学习委员会的区域认证,大多数院校都认可该校学分。一些学校很抗拒学分制的使用,所以关于学习过程的话题依然是他们不断商讨的内容。凤凰城大学的高层领导人认为,多数学校对学分制的这种抗拒,很大程度上源自对学校间竞争的恐惧,而非对教学质量的担忧。

凤凰城大学一直在与联邦财政援助官员进行交涉,联邦财政援助部门拒绝拨款,据称该校未达到12小时的学习规定,但现在该校成为一个试点示范学校。尽管如此,独立监察员对凤凰城大学的非传统校历存在质疑,认为其不能充分体现学生的"学术过程",并要求该校支付6 000万美元的罚款。最终,凤凰城大学支付了600万美元,但它依旧需要提供大量的书面证明,以表明它符合学生出勤和学术发展的要求。

具有讽刺意味的是,凤凰城大学的在线课程并没有遇到多少监管障碍。该大学的网络课程与在校课程采用相似的形式。一群学生(一般9人)选修一门课程。他们每周必须上5次课,下载资料,做作业,等等。对于在线学习的学生而言,他们获得的成绩评估分数实际上略高于那些在校上课的学生。但这可能源于选择性偏差,在线学生的初始成绩可能略优于在校学生。像纽约州和新泽西州这些州的院校并没有受到任何质疑,因为它们的这些课程均被视为来自亚利桑那州,因此不受当地州规的约束。联邦官员也没有提出质疑。

结　论

除了西部州长大学,所有创新型高校在解决学分问题时,试图将所做之事转化成与课程等效的模块,必要时赋予模块一定的学分。相比之下,西部州长大学并不是将各项工作都建立在课程基础之上,且它在创立之时就存在学分问题。从这个意义上来看,可以说,相对于授课方式和资格认证方面的创新,课程安排方面具有更大的差异性。比如,伊克塞尔希尔学院(Excelsior State College)较为关注考试,这能够避免学分问题,因为该学校在教学

第三章

方面均以课程为主,当学生转学或者毕业时,所学的课程可以转换为所需的学分。尽管伊克塞尔希尔学院和其他高校都在学术方面有所创新,但它们并没有超越学分范式的"学术会计学"(Academic Accounting)维度。课程学分的要求可能会阻碍那些以高流动性学生为主要服务对象的高校进行学术创新,这些高校在试图接触一个不能转化为课程的教育模块领域。

在此讨论的高校正在尝试开展最全面的课程与教学改革,它们也很可能在未来的工作中这样做,因为它们的学生主要是全日制的普通本科生。我们猜测这些创新会对教师工作量的统计造成更严重的阻碍。这些问题会在第四章中分别讨论。在这一点上,足以发现教师个体或教师团队面临的问题,他们可能在线给成百甚至上千名学生同时教授多门课程。例如,学生每门课程可以获得3个学分,但是,为了计算教师工作量,将工作量转换为学分可能更具挑战性。

正如我们所看到的那样,除了西部州长大学之外,灵活性较高的大学及其高层已经尽可能将学分制带来的问题最小化,他们找到了将学校的主要工作转化为学分的方法。很明显,这些学校中的大多数必须调整旨在促进良好教学课程的计划,但这些方法似乎并不是关键。西部州长大学仍然面临一个充满挑战性的问题,它所培养的学生能力并不能得到所有人的承认,因为在当前教育领域中,能力通常以学分的形式体现。

尽管其他创新型高校能够解决学分的问题,但研究表明,学分制本身及其外在应用可能成为高等教育中教学创新的主要障碍。学分制的优点在于它是一种灵活的方式,且可以被高校明确定义,对于高校而言有一定意义。它也是人们普遍理解的学习活动衡量指标,具有一定的"市价"(当然,对于管理人员来说,它的一个优势是,压力很少涵盖在深究学分能在多大程度上反映学习和活动)。即使学习活动没有发生或关于学习的标准太低,高校、学生、政府、雇主、认证机构和其他国家都将学分作为学习的衡量标准。但是,学分制的这种灵活性意味着,即使学分制不是教学创新的障碍,也可能导致甚至怂恿那些不重视本科课程完整性和教学效能的高校,去逃避解决既定学习目标下的学生表现问题。而且由于学分是一个公共性衡量标准,因此不必用学分去阐明本科课程的目标或者是如何实现这些目标。因此,学分制没有形成一个更好的学习成果衡量标准,阻碍了学生的学习。

参考文献

Mentkowski, M., and others. Learning That Lasts: Integrating Learming, Development, and Performancein College and Beyond. San Francisco: Jossey-Bass, 1999.

第四章

学分是衡量教师教学工作量的常用指标,其涉及范围的扩大为高校创新造成更大困难。

学分和教师教学工作量

托马斯·欧利希

本章重点介绍学分制在教师工作量衡量标准方面的作用。我们对公立和私立学校的学术管理人员进行访谈调查,同时对借助网络途径所查找到的教师工作量相关政策进行回顾。此项研究主要是为了解教师工作量政策中所涉及的学分指标,以及对教学创新带来了多大程度的阻碍。我们想要找到关于教师工作量的政策创新内容,这些创新政策能帮助我们寻找学分的替代标准,以适应远程教育、结果导向型教学以及其他教师活动(比如教学服务和科研)。

本章首先对学分制和教师工作量相关政策进行了讨论,然后对私立和公立学校该方面的内容进行了回顾,最后列举了高校寻求学分制的替代方式以衡量教师工作量的实例。

学分和教师工作量概述

杰西卡·谢德在第一章中概述了学分制的演变过程,表明了学分在衡量教师工作量和学生学习方面由来已久。许多高校一开始,就或显性或隐性地将 3 学分的讲授类课程作为普遍接受的课堂开设标准。出于方便统计教师工作量和学生学习情况的目的,原本一门课 3 课时(每一课时为 50 分钟)如今变成了一门 3 学分。教师在每学年、每学期或每学季的授课都有一定数量的学分要求。在统计教师工作量时,学时通常是指学生与教师的课堂接触时间,而不是基于课程的学分。但是这个方法仍然属于学分制。

当以 50 分钟课堂时间为标准的讲授类课程在课程设置中占主导地位时,计算教师工作量的学分制很有效,也充分避免了特殊情况的出现,一方面,学分制中的转换方法对其他教学而言可以行得通,另一方面,在对课时的规定方面也较为合理。例如,每周共 3 小时的科学课程可能需要一名教师额外抽出 1 或 2 个小时以指导学生实验,教师的工作量将会被记为 4 到 5 学分,而不只是 3 学分。然而,随着教学的多样化发展,学分制这一衡量标准的应用往往变得更加随意。

正如以上所说,影响教师工作量学分统计的因素很少是学校制度规划层面的。阿尔维诺学院等高校则是例外(见第三章)。但在大多数学院和大学,甚至是公立学院,关于教师的工作量统计都没有明确的指导方针;教师的自身判断、部门实践及其传统都发挥了一定作用。学校体现出一定的灵活性,创新不被鼓励,但被允许。但若涉及工会协议时,教学安排则会变得更加规范化,教学创新可能会更加困难。

学分制的应用看似充满随意性的部分原因在于,并不是所有教师都希望授课。基于学分的师生课堂接触时间可能是一种笨拙的教学时间衡量标准,但它仍具有一定的表面效度。除了社区学院之外,科学研究和社会服务这两方面工作通常是不需要教师参与的。大多数高校不会试图将教师在上述两方面的工作转化为学时,通常也不会使用其他指标去衡量教师在这些领域的努力。然而,出于对教师薪酬、教师晋升以及教师长期聘用方面的考虑,大多数高校都要求定期对教师的科研和社会服务工作进行审查。与计算学时数相比,这些政策可能对学校教学和创新产生更深刻的影响。

课堂时间被转化为学分,兼职教师所受到的影响,可能会比全职教师和终身教授受到的影响更大。这是因为兼职教师的工资是依据所教的课程而定,而并不主要是依据其专业水平来定。随着兼职教师数量的增加,这可能意味着基于课堂时间的学分制这一衡量标准正逐步成为一个更有影响力的教学调控政策。这类兼职教师在许多社区学院、综合性大学、远程教育学校以及其他学校承担大部分课程的讲授工作。在研究型大学,教学助理(同时也是研究生)提供大部分的教学指导。在大多数院校,这些兼职教师的工资都是依据其所教课程来定的,而课程通常以课堂的师生接触时间来衡量。他们在教学方法的改进方面未受到经济激励,教学方法的改变可能使之遭受学分和课时减少的风险,由于许多老师在2个或3个不同的学校兼职教学,他们面临着巨大的压力。事实上,这种基于课程的教师薪酬模式可能比任何其他因素更加会抑制教学创新。

　　缺乏对教学创新的激励也是已获得正式教职或者长期执教的教师面临的常态。这一结论基于卡内基基金会对教师态度和观点的最新调查结果(Huber, 1997)。虽然创新性教学这一表述在调查中未被明确提及,但是四项调查项目都涉及教学创新。其中一个调查项目就是了解教师对这一问题的回应:"我所在的学校鼓励跨学科教学。"其中大多数教师在这个问题上持反对或者中立态度(9%强烈不同意,20%不同意,22%是中立,而13%非常同意,37%同意)[1]。另一个调查问题是:"我所在的学校鼓励小组教学。"对此同意还是反对。对于这个问题,共有约三分之二的教师持反对或中立态度(15%强烈不同意,26%有些不同意,25%是中立,而9%非常同意,25%有些同意)。第三个问题是:"你有没有监督学生在校外的服务性学习活动?"(57%的教师表示"不",27%表示"是,偶尔会",17%表示"是,经常")[2]最后一个调查是:"在你所在的部门,教学中使用科技辅助手段的频率?"68%的受访者表示"一些",17%的受访者表示"很多"。当然,不同类别的高校,如研究型大学,以及拥有副学士学位、学士学位、硕士学位与博士学位授予权的各类高校的教师之间的反应各不相同,但差异远小于相似之处。

　　总之,关于这些问题和其他问题的调查验证了我们的假设,即大多数学院和大学没有鼓励教学创新的校园氛围,而学分制只是学校体系的一小部分。科研比教学更易受到奖励的青睐,特别

---

〔1〕　译者注:基于原文数据,此处百分比相加为101%。
〔2〕　译者注:基于原文数据,此处百分比相加为101%。

第四章

是在研究型和有博士学位授予权的大学,甚至其他学校(除了社区学院)。在大多数社区学院和综合性大学中,全职教师可能需要每学期教授四门甚至五门课程,无论他们出于何种动机,几乎都没有时间进行创新。当然,在每个不同类别的高校和每个高校的教师队伍中,都有引人注目的例外情况发生。

一般说来,正式的教师,甚至是兼职教师,如果他们真的希望通过增加技术使用或以其他方式来开展创新性的课程教学,即使不能获得明确性的鼓励,他们至少也可以获得学院院长或系主任的准许。但保守倾向、时间导向的要求以及缺乏回报,都是阻碍创新的强大力量。相比之下,工作量标准似乎是相对较小的障碍。然而,创新的阻碍通常是日积月累的,特别是在一些公立高校中,有关教师工作量的标准这一障碍限制了教学创新。

私立院校

目前在大多数私立院校,教学工作量都由系主任和院长监管,除此之外再没有其他过多的指导。每位教师在每个学期一般讲授两门课程。即使教师工作量与标准工作量相一致,也不会像教师个人工资那样公开。

亨利·罗索夫斯基(Henry Rosovsky)担任哈佛大学教务主任十年,在他1990年的著作《大学:所有者手册》(*The University: An Owner's Manual*)中讽刺地写道,在他任职期间,哈佛大学的教师每学期平均授课量从四门降到三门,而他从未批准任何改变。为了获取更新的观点,我们与许多私立学校的行政人员进行了交谈。

其中典型的观点来自亨利·罗索夫斯基,他在一所领先的私立研究型大学管理本科教育事务,也曾是一所顶尖文科大学的学术管理人员。他说,事实上,不管是对于当前所负责管理的四所本科院校的各个院系还是他之前任职的那所文科大学,如何设定教学工作量标准,他并没有真正明确的概念。

亨利所推崇的是,系主任直接与教师协商对话。在人文学科中,每学期两门课是最常见的教师工作量标准,社会科学学科课程设置较少,自然科学学科每学期一门课程。与大多数私立学校一样,在他所在的研究型大学,所使用的衡量指标是"课程"。亨利提到,在他所在的高校,课程"预期"时长是每周3个小时,尽管有教师可能会请求改变这一规范。为了更直观的说明,他举了一个例子:作为一名教师时,他成功地向校务部和课程委员会请示开设一门每周6小时的课程,根据学生毕业标准和教师教学工作量标准,将其算作两门课程。一旦一门课程在这所或者是大多数私立学校开设,学校几乎不会每周或每学期对课程预期时长的达成情况进行检测,当然,如果实际上课次数少于预期,学生也几乎不会抱怨。

亨利表示,教师们通过"买断"一门或更多课程的讲授权利,可以获得外部科研经费,这其实是对教师的一种激励。而在实际的课程实施中,课程通常由兼职教师来讲授。时间管理是学术领域的关键,尤其是在研究型大学(这位管理人员告诉我们,延长休假是另一种常用的方法,特别是有额外教学工作量压力时)。因此,他表示,很少有教师每学期开设两门课程。他上述的这些情况与其他私立学院和大学的管理者相类似。尽管课程是最普遍的衡量教师工作量的标准,但是在一些学校,学分被作为衡量教师工作量的标准。

由于大多数私立学校没有公布教师的工作量标准,因此无法获得关于标准的大量样本,甚至那些与我交谈的管理人员也不想对其原因进行评论。然而,基于这些讨论,许多观察性证据表明,教师奖励制度扼杀了创新,特别是强调科研重于教学,导致教师在教学分配上的时间减少。

自 20 世纪 50 年代以来,尤其是在最负盛名的公立和私立大学,卓越的研究成果成为教师获得嘉奖方面最重要的衡量标准,涉及教师的招聘、晋升、职称评定和奖励。这在以研究型大学著称的高校中尤其突显,在多数其他大学中也有此情况(公立性的社区学院除外)。联邦政府的资金推动了高校对研究的重视,现在,联邦政府每年向高校提供的资金总额超过 170 亿美元。这不可避免地造成对教学关注的减少,何谈教学创新?

然而,我们得出的结论是,通常情况下,教师工作量标准和学分制都不能被单独视为私立院校中教学创新的限制因素。相反,经验和访谈结果表明,相对来说,在私立院校中,教师可以实现课程方面的创新。教师之所以不愿意进行教学创新,可能是因为其自身的保守(不愿从事新的且更耗时的事情),至少最初是这样的。在现实中,教师很少会在教学创新方面受到奖励,科研创新在一定程度也是这样。

公立学校

每个公立高校都需要基于相关计算系统来进行教师工作量的统计和教学职责的分配。传统方法始于一套以"课程"为基础的标准。事实上所有课程都由教师讲授,课时通常为 50 分钟。

课程标准通常以季度或学期为时间单位进行制定。学院与大学之间在课程数量上存在差异,学院一般是两门课程甚至更少,而大学课程一般多至五门以上。然而,在公立学校,特别是那些非研究型的公立高校,创新的压力来源于教师之间的公平性问题,以及校内管理层和外部上级机构(例如州立法机构和高等教育委员会)对教学效果的考核机制。这些压力使得对教师工作量的评价更为看重教学质量而非课程数量,但学分制依然是最常见的教师工作量评价标准。

在准备这项研究时,我们回顾了网上可查询到的一些教师工作量标准。这些标准表明,大型公立高校(可授予学生硕士学位、学士学位和副学士学位的高校)对学分制的使用尤其普遍,且其教学范围涵盖超过 80% 的本科学生。一些公立学校表示它们更倾向使用面授课时这一标准,但学分似乎是更常见的标准。

例如,威斯康星大学(University of Wisconsin)的教师代表会采用"教师工作量政策",该政策规定"历史系全职教师一学年的教师工作量是面对面与学生接触 24 学时",并且"这一学年教学量需涵盖不超过 6 门的单独课程"(威斯康星大学,University of Wisconsin, 2003)。类似的有纽约城市大学 1996 至 2000 年的政策,该大学与其教师工会所签署的协议表明,高等学院各级教授每年需授课 21 学时,社区学院各级教师需授课 27 学时(纽约城市大学, City University of New York, 2003)。

另一方面,夏威夷大学规定四年制校区的教师每学年需授满 24 学分的课程,社区学院的教师每学期需讲授 30 学分的课程(夏威夷大学, University of Hawaii, 2002)。内布拉斯加大学科尔尼分校对教师工作量相关规定是"教师每学期讲授 11 到 13 学分的课程。但是,多种情况都可能导致实际教学量超出此范围"(内布拉斯加大学,University of Nebraska,2003)。此外,与大多数我们已回顾过的政策一样,这所大学还阐明了等同于学时的其他教学工作量。"实验课学分通常占讲授类课程学分的1/2。""教师如果在某个学期被分配了指导学生独立学习的教学工作,其工作量等于或超过30学时,他的工作量会相应减少3学分的课程讲授。"以及目前教师提供的论文指导,会使所得学分增加一倍,均便于学分的计算(内布拉斯加大学,University of Nebraska,2003)。

虽然大多数公立学校发布的教师工作量规定似乎都围绕课堂学时展开,或者更常见的是学分,但是在一些学校,如阿拉巴马大学艺术与科学学院,仅基于小时数来进行教师工作量的统计。"该大学的官方工作量标准为每学期12个小时的教学工作或等量的其他与教学相关的活动。"(阿拉巴马大学,University of Alabama,2003)

在有教师工会的学校中,教师的工作量通过集体谈判来协商制定。在某些高校系统中,例如下面讨论的加利福尼亚州立大学系统,教师工会的协商标准非常具体。然而,在其他学校,例如纽约州立大学(SUNY),教师工作量的规定政策较为概括,且每个校区设定的标准都在政策系统内。

我们还回顾了一些旨在促进教学而非科研的法律政策中所采用的教师工作量标准,这些标准往往反映了赋予教师更多自主性与鼓励教师关注本科教学之间的矛盾。例如,俄亥俄州教育局的咨询委员会,以制定教师工作量标准和指导政策为主要工作。经历了一个艰难协商、反复修改的过程后,该委员会于1994年制定了一个共16页的单倍间距文件,涵盖了两类标准。规定有学士、硕士和博士学位授予权的高校教师的授课工作量应占其教学总工作量标准的50%或60%。在那些两年制院校或有副学士学位授予权的高校教师的授课工作量所占百分比应是80%到90%(俄亥俄州教育局Ohio Board of Regents,2003)。

修改学分制方法

在学分制理念下,统计教师的工作量,没有任何度量标准比一个课时等于1学分更为标准。

加利福尼亚州立大学于1976年引入"加权教学"[1](WTUs;Dumke,1976)这种制度。这一制度在细节方面进行了修改但并没有对整个学分制方法进行修改。它作为一个兼具优缺点的更为精准的衡量范例,至今仍然存在。加利福尼亚州立大学的每个校区都基于该制度制定了自己的标准,具有细微差异,但主要本质一样。蒙特利湾的新校区(见第三章)提出了一种与"加权教学"制度稍有不同的方法,涉及教师个体基于"加权教学"与学校管理机构签署的协议问题,但这两种方法的核心概念是相同的。

在加利福尼亚州立大学,全职教师的正常工作量由两部分组成,如1976年加利福尼亚州立大学委托机构采用的政策和程序表明:

---

[1] 译者注:英语原文为Weighted Teaching Units,也可译作"教学权重单位"。如某教师每周讲座类课程有三个课时,那么他每周就有三个"教学权重单位"。

——12项面授类"加权教学"任务,包括课堂和实验室指导以及教学性监督(如学生论文、课题项目或实习监督)等教学活动,每周36小时。

——3项间接性教学活动,包括对学生提出指导性建议、课程开发和改进以及委员会任务等教学活动,每周4至9小时。

在"加权教学"制度下,每个课程都被赋予相应的K系数,范围从1.0到6.0。课堂容量为45名及以下学生的大型讲授课的K系数为1.0,除自然科学领域外的许多实验课的K系数为1.3,外语类实验课的K系数为1.5,自然科学实验课的K系数为2.0,音乐和新闻类的制作课程的K系数为3.0,而指导主要的校际体育运动的K系数为6.0。基于师生互动次数,课程被赋予不同分数;然后将该数字乘以K系数,即可确定教师在教授课程时获得的加权教学分数。K系数为1.0的3学分课程得到3个加权教学分,K系数为2.0的3学分课程得到6个加权教学分。一名教师被规定同时承担具有12个加权教学分的工作。假设一名教师将参与3项学生指导和委员会的间接性加权教学工作,那么基于统计标准,他将共计获得12个加权教学分。最初的加利福尼亚州立大学政策和操作程序表明,"加权教学是教师每周工作率的衡量标准"(Dumke,1976)。

加权教学制度最初旨在帮助制定预算。加权教学统计模式是为了满足加利福尼亚州立大学系统里的每所校区规划财务需要。该统计模式决定了各校区预算,同时也决定了各校区向加利福尼亚州立大学中央办公室和立法机关申请基金的数额。一门课程,若学生人数多于45名(即使仅多1名),所得到的加权教学分则是学生少于45名情况下的2倍。因此,学校努力使课程人数超过45人来获得更多预算基金。

大约十年前,加利福尼亚州立大学开始采用"美元制预算",即每个校区都会收到一笔资金,用于行政管理分配。然而,加利福尼亚州立大学的教师工会在全州范围内(而不是学校范围内)对此进行集体声讨,这一拉锯战持续近三十年。然而这次集体声讨的结果或许是,加权教学的统计制度在本质上并未改变。从工会领导者的角度看,该系统确保了学校管理部门未给教师安排过度的任务量。除此之外,各校区仍然需要将教师的工作报告提交到加利福尼亚州立大学中心办公室,同时院长对此要和校长进行协商。

加权教学的明显优势,是关于学分制的一些修改,比如使用权重,即K系数,是可以根据学生数量、学生受监督的程度和其他变量来衡量教师工作量。然而,还是在加利福尼亚州立大学的系统中出现了问题。比如当两名教师教授相同的课程(例如心理学),一名教师想要以实地考察的方式进行教学或者在线教授课程,另一名教师想要直接现场讲授课程。

更麻烦的是,除了临时的特定标准,加权教学系统显然没有应对在线课程的方法。当然,存在这样一类课程,它是"不符合任何常规分类的课程",也就是当存在明显问题时才会使用的衡量标准。但是这种默认方法不足以处理数量呈爆炸性增长的在线课程。因此,加利福尼亚州立大学系统不鼓励这种创新模式。与加利福尼亚州立大学旧金山校区的管理人员的非正式对话表明,加权教学存在一个更大的问题,即它无法合理考虑到教师工作中的教学创新成分。这将会抑制创新,正如我们所预想的那样。

得克萨斯大学(University of Texas)。得克萨斯大学采用了学分制的另一种变形体制。班容量超过60人的班级会乘以"权重系数",即班容量为60至90人时,每增加10人,系数增加0.1;容量为100至250人时,每增加25人系数增加0.1。其他等效方法也用于诸如行政任务分配和新课程开发等具体方面。然而,这一方式似乎具有系统性的固有偏差,在一定程度上会阻碍创新。

迈阿密戴德社区学院(Miami-Dade Community Colleges)。在20世纪60年代末,迈阿密戴德社区学院摒弃了学生学时这一标准,从那以后只采用"学分"制。该学院前院长罗伯特·麦凯布(Robert McCabe)认为,在评价学生学习方面,高等教育最重要的一步就是遵循这种方法。他认为,这种方法让人们能够专注于学习本身,而不是学习时间。

迈阿密戴德社区学院有一个按下述方式运行的分数系统。每位全职教师的工作标准为60学分。一小时的讲授课程为4学分,一个承担五门课程教学的教师每周讲授3个小时的课程,一学期即可达到60学分的工作总量。教师可以通过指导学生、做实验、参加委员会或者其他工作获取额外分数。随着时间的推移,这种分数转换方式已经形成,即使迈阿密戴德社区学院现在有一个教师工会系统,这种分数转换方式仍在实行。

未来:根本性转变

丹尼斯·琼斯(Dennis Jones)及其在国家高等教育研究中心工作的同事对高等教育有深刻的见解。他们认为,在教师工作量方面可能正在发生根本性转变,这种转变与学分制无关,或者说至少重大改变不会通过学分制来实现。

琼斯认为,只要教学的标准模式是时长为50分钟的授课,那么任何衡量标准都可以适用于教师的工作量(而非仅以学生的学习为衡量标准)。事实上,课程从始至终都是大多数私立院校的主要衡量标准。但学分制作为一种标准指标也非常适用,并且它也是公立学校的主要指标。

然而,琼斯指出,很久以前,研究型大学及其管理人员意识到,当课程超过一定规模时,特别是涉及实验时,教师需要一些帮助。于是助教接管了小部分实验工作,还包括授课和评估工作(最常见的是考试)。

琼斯认为,即便是在研究型大学,课程或学分制的方式也得到了很好的应用。唯一的变量就是班级规模、实验或其他课外教学体验。然而,他认为,教学领域正在发生着一场静悄悄的变革,变革涵盖课程的设计、开发、实施、指导以及评价等。现在,一名高级教师可能仅负责课程设计与开发,兼职教师负责授课,助教负责网上指导,最终由电脑程序负责评估。

琼斯指出,学分甚至是"课程",都不能跟上这种程度的改变。"标准化"课程逐渐变得非标准化。他说,现在,再也不可能基于对学分制的调整来实现教学的权责划分。这正是包含凤凰城大学(见第三章)在内的这种"新新"高校在意识到这一现实的情况下,对教师工作量进行差别化计量的原因。大约有8 000名"从业教师"在凤凰城大学教授大部分课程,但是其中只有250名是全职教师。学校通常按课节支付这些从业教师的工资,如果他们参加教师培训会议或做其他工作,会有额外工资。比如,凤凰城大学有一间"虚拟写作实验室"(Virtual Writing Lab),教师通过网络给学生提供写作指导,学校依据教师的指导时长另付工资。

所有这些事例都表明学分是教师工作量统计方面的创新障碍吗?正如琼斯所指出的那样,并不完全,或者说学分制至少不是解决问题的最精准思路。问题在于,只要依据班级规模来定义教师工作量,例如,教师每周与25名学生当面授课3次(相当于1门课程或3学分),那么教师的工作总量则为4门课程或12学分,那么教师会缺乏动力。教师更倾向于开一门26名学生的课程,这样还可以算作上了2门课。重点在于,学校没有动力去使用科技。因为科技只有在学生规模足够大时才有意义,如果25名学生一个班是衡量标准,那么教师也得用同样的标准。这正是加利福尼亚州立大学目前面临的问题,举例来说,教师的每一次线上授课都是临时决定,因为校方根深蒂固的官僚思维死板地守护着他们精心修订的学分指标,不允许任何变动发生。

结　论

一般来说,教师的工作量规则,或者学分制自身,并不能被认为扼杀了教学创新。然而,我们的确得出结论,在一些公立学校,特别是那些有教师工会的公立学校,这些规定与其他因素共同促使创新变得更加困难。在这些学校中,学分制度及其各种变化性的调整制度营造了这样一种氛围,即教师在教学中的创新得不到奖励,这使创新性教学的实施更具挑战性。因此,学分是范围更大的课程与学分系统的一部分,它会让创新变得更加困难。鲍勃·勋伯格,一位睿智的评论员兼教师激励领域的创新专家说道，学分是大框架中的一部分，它是一种非常方便的衡量教师工作量的方法，它进一步巩固了学分和课程体系，但在一定程度上阻碍了教学创新。这一制度可能将基于琼斯的主张进行改变。但是研究表明，制度存在强大的惯性和保守性，这一问题很难克服。

参考文献

City University of New York. "1996-2000 CUNY-PSCA greement." [http://www l. cuny. edu/cuny-psd/toc2. html]. 2003.

Dumke, G. S. "Consolidation of Faculty Workload Materials." Memorandum to CSUP residents, Aug. 16, 1976.

Huber, M. T. *Community College Faculty Attitudes and Trends*. Stanford, Calif.: National Center for Postsecondary Education, Stanford University, 1997.

Ohio Board of Regents. Faculty Workload. [http://www. regents. state. oh. us/plandocs/worklad. htm/]. 2003.

Rosovsky, H. *The University: An Owner's Manual*. New York: Norton, 1990.

University of Alabama. Faculty Manual: Workload. [http://www. as. ua. edu/as/faculty/manual/policies/workload. html]. 2003.

University of Hawaii Board of Regents. By-Laws and Policies, Sections 9-16. [http://www/Hawaii. edu/svpa/ecl/e1202. pdf]. 2002.

University of Nebraska at Kearney. Faculty Workload Guidelines. [http://aaunk. edu/facultyhandbook/wkldtoc. htm]. 2003.

University of Wisconsin, Department of History. Faculty Workload Policy. [http://washington. uwc. edu/acadernics/depts/history/workload40. html. 2003.

第五章

认证是一个对高校的基于学分制的学位课程内容进行同行评估的过程,旨在确保学位课程的质量。

认证与学分制度

珍·韦尔曼[1]

本章将对认证在学分制的界定及其实施中的作用进行回顾。基于对所选取的认证机构的认证标准的研究——8家地区性的认证机构、5家全国性认证机构以及9家专业性认证机构。本部分的研究目标是对认证在专业合格证书的授予、学分制的界定及其实施的作用进行一般性总结。本章不对认证的有效性进行批判分析,也不对认证是否确保了美国高等教育的质量这一问题展开讨论。此外,该研究并非详尽无遗,因为研究材料并不包括所有认证机构的认证标准,参与访谈的认证机构的代表关于认证机构的经验分享也未被全部分析。许多机构正在通过商议重新编写

---

[1] 珍·韦尔曼,华盛顿特区高等教育政策研究所高级研究员。

认定标准,以进一步发展学分制。尽管如此,研究结果充分揭示了以往认证机构的作用,回答了本次研究的核心问题。

认证的背景

美国的高等教育认证是一种以外部同行评审手段为基础的学术质量保障机制。认证主要有 3 个目标:提供质量标准门槛,高校自评和持续改进的框架参照,高校申请基金(如联邦财政援助基金)或毕业生参加州许可考试的资格准许。因此,认证在促进内部质量改进和外部质量评估的准监管作用方面起着双重作用。认证可以适用于所有教育机构或学院(如法学院)、课程(如师范教育)或者单位(如医院)。高等教育认证是美国一项独特的发明,它取代了像中央或其他政府对学术标准的直接监管。即便认证仍然受到联邦政府的监管,但其受到的控制和影响很小并且依然属于一种准监管的非政府活动(有关此内容的更多信息,请参阅第六章关于联邦监管作用和学分制度)。

认证要求机构或项目在申请认证之前完成以下几个步骤。第 1 步是申请机构需依据认证机构设定的资格标准填写申请条件,这是认证机构进行全面审查前的预选。所有的认证机构的资格标准均要求申请机构或申请项目具有国家许可证且以教育为首要目标。地区性认证机构还要求申请认证的高等院校拥有学位授予权,并拥有确保学术诚信的管理组织,以及拥有该课程项目相应资格证书的教师群体。当申请认证的教育机构获得审查资格之后,需按照认证机构审查标准准备一份全面的自我评估报告,并提交给同行评审团队以便其进行现场审查,评估小组需提交对被评估高校现状调查的报告,最终的认证结果由认证委员会决定。认证周期通常约为5年,部分认证周期时间则更长一些,其他一些受监督或处于试用期的高校接受审查的周期较短。

认证类型

有三种类型的认证:地区性认证、全国性认证和专业性认证。这三种认证具有不同程度的认证和资格范围:地区性认证机构只能在指定的地理区域内对高等院校进行认证,全国性认证机构可以在全国任何地方对高等院校进行认证,专业性认证机构只能对特定领域进行认证。地区性和全国性认证都是为整个教育机构授予认证,而专业性认证是为某个专业项目或领域提供的,通常是在专业领域。大多数机构都需要接受双重认证,既需接受针对个别校区或项目的专业性认证,也需要接受地区性或全国性机构的认证。

地区性认证。地区性认证是最大也是最古老的认证形式,所认证的高校大多为具有学位授予权且为非营利性的公立学校。其中地区性认证机构共有8所,分属6个地区(其中新英格兰地区和西部地区都有独立的初级学院和技术学院认证机构),共同认证了大约3000所教育机构,包括近1400万名学生。

全国性认证。全国性认证是地区性认证的一种互补方式,所认证的学校多是贸易、商业和技术这种营利性质的学校[有几家全国性认证机构也负责对少数非职业营利性的教会学校进行认证,包括美国圣经学院认证协会(the American Association of Bible Colleges)、高级希伯来语和塔木德经学馆协会(the Association of

Advanced Rabbinical and Talmudic Schools)、神学院协会(the Association of Theologic Schools)和基督教学院协会(the Transnational Association of Christian Colleges and Schools)。这些认证机构被归类为"全国性的",因为它们可以对全国的高校进行认证,并具有国家性的审判权,但它们认证的重点与专业性认证机构更为相似]。11个全国性认证机构共同认证了包括约475万名学生在内的3 564所高等院校。两个最大的全国性招生认证机构分别是远程教育培训学校(the Distance Education and Training Council),监管大约包括300万名学生在内的53个高等院校;继续教育及培训项目认证委员会(the Acrediting Council for Continuing Education and Training),监管非学院的继续教育课程。全国性认证和地区性认证标准的主要区别在于管理层面和课程层面。地区性认证标准限制了教师在课程和标准方面的自主权,而全国性认证标准则赋予高校理事会更大的决策权;地区性认证标准还要求本科教育中需涵盖通识教育,而全国性认证机构标准并非如此。

专业性认证。专业性认证机构认证大学系统内的独立学院或项目。大约有60个独立的专业性认证机构,其领域包括从医学、法律、工程和师范教育到烹饪艺术、建筑、音乐、舞蹈、林业和综合医疗健康等。在建筑、会计和师范教育等许多领域,各州执照法要求申请人需从相关专业性机构认证的学校毕业。因此,与其他类型的认证相比,专业性认证与政府监管有着更为密切的直接联系。

认证标准概述

我之前回顾了8个地区性认证机构、4个全国性认证机构以及9个专业性认证机构的资格标准,之所以选择介绍全国性和专业性的认证机构,是因为它们代表了这些机构中一些最古老和最成熟的机构,而且这些机构影响了大多数高等教育院校。

  定义和实施学分制的方法大致可以分为以下几种:学术学分标准、学分制的定义和衡量标准,高等院校以外提供的学分授予政策(或者说是,通过测试、实践教育或其他类型的评估进行学分转换),获得学位或证书所需的学分数,与学分相关的入学标准,通识教育的最低学分标准,以及符合住宿条件的学分要求。此外,还研究了学分制的不同维度的替代标准,例如校历的标准以及对"全日制"师生的定义。上述做法的目标是确定广泛的学分模式和共同的学分定义,这有助于回答认证机构是否推动了学分制度的实施这一研究问题,而不是对不同认证机构标准的比较分析。此外,还可以探讨学分制是不是学术改革的障碍,或者是,学分制是否为确保教育机构之间及其内部学分制度实施的一致性提供了一种外部验证。

  地区性、全国性和专业性认证机构都有一套独特的标准模式,且都要求以某种方式对学习予以编码记录,或者是记录学分(针对有学位授予权的教育机构),或者是记录课时(针对没有学位授予权的教育机构),或者是基于继续教育学时(例如:不要求学分的成人教育课程)。具体来说,有学位授予权的高校课程项目需要根据学分进行认证,像美容学这种不能授予学生学位但能授予证书的课程,需要根据小时数进行认证,像英语作为第二语言的课程或与协会相关的课程,这种非学院类的成人教育则根据继续教育学时进行认证。专业性认证机构与地区性和全国性认证机构相比,在一定程度上也参考学分制度,但它们的认证标准通常（但并非总是）会淡化学分的作用，侧重于关注学生在整个学习过程中的知识与技能的发展，包括课程学习、服务性学习、实习和其他实践。

地区性认证标准。地区性认证机构负责大多数非营利的公私立院校的机构认证，它们在很大程度上对学分制的定义都是模糊的。这种模糊性可能由于寻求地区性认证的教育机构范围较广，更强调教育机构的改进和自我评估，而非仅设定门槛标准。地区性认证标准更倾向于是一个评估框架，而不是必须达成的详细标准。然而，地区性认证标准不能作为衡量学生学分的定性或定量依据。一些认证机构保留了认证标准中的术语词汇，其中学生的学分是用"任务时间"表示的：

> 学分是学生学习的量化方式。1个学期单元代表1名全日制本科学生在1周内预计花费的学习时间（包括上课时间和准备时间，至少需要40到45小时）。因此，对于全日制学生来说，在一个时长为6周的夏季学期中，相当于需要学习6个学期单元。另一种标准是，在每10周的学季或15周的学期中，每名学生在每周需学习1个单元，要时长为3个小时（例如，1小时的讲授课加上2个小时的研究性学习或3个小时的实验课）。全日制本科生课程通常为14至16个单元，不应少于12个单元。研究生阶段的学习需要投入更多的时间，通常在课上学习1小时，课下至少需要3小时研究。全日制研究生课程不多于9个单元的学习（西部高校联盟评鉴委员会，2001）。

这一发布的规定与学生实际的课程标准内容不同,实际的课程标准包括大学等机构的目的、学位课程、学习成果和教师决策权,而并非涉及学习时间。

其他一些例子如下:

> 教育机构都明确表示,所有本科生和研究生的学位获得要根据他们的学业成就水平,而不仅仅只是课程或学分的积累(西部高校联盟评鉴委员会 Western Association of Schools and Colleges,2001)。
>
> 院校负责管理所有课程教学项目(可授予学分)的学术要素,包括:课程内容及其实施,以及教师的批准;学生的录取、注册和留校;过往学习的评估;以及对学生进步的评价,包括学分的授予和记录[新英格兰院校协会(New England Association of Schools and Colleges)、技术与职业学院委员会(Commission on Colleges),2001]。

认证委员会希望下属教育机构使用普通高等院校机构的学习标准,对学期或学季学分课程学习进行统一,使课程时长与高等教育认证机构的相似课程标准保持一致,并且证明与课程相关的费用的合理性,例如课程成本、课程长度和课程目标。下属教育机构在学分、课程时长和学费有任何重大变化时都需通知认证委员会。

在地区性认证机构中,中北部高等教育委员会是第一个认证非传统教育院校(包括凤凰城大学和琼斯国际大学在内)的机构,并与其他几个区域性认证机构一起参与西部州长大学的认证。2001年,中北部高等教育委员会更名为高等教育委员会,宣称认证可以更加重视学生学习评估和质量改进。该委员会也在其学分标准中增加了新的一项,即"教师有权决定学分授予"。这项最新说明体现了认证委员会不再强调各院校基于学习时间和地点的学分标准,而是明确强调了由教师来决定学分。

大多数区域性认证机构规定了学士学位的最低学分标准:120学期学分或180学季学分。认证机构允许学生可通过学校学习课程以外的其他途径获得学分,基于不同评估方式的组合,认证标准详细规定了流动学生的学分转换机制。这些替代途径有助于提高标准中质量的潜在价值。例如,高等教育委员会中的西部高校联盟只承认本科层次的实验性学习的学分,且不能超过30学期单元,并要求实验性学习的评价需与该领域的理论和数据相关联,并由有资质的教师进行评价。中部学院协会(2002)的政策是类似的:"将学生从工作或其他实践经验中获得的知识技能列为大学层次的学习会促进学生进步,且不会损害教育机构的整体性或其学位质量。教育机构的政策和认证程序应该与当前教育实践相一致,适当考虑那些通过其他途径获得与大学水平相当的学习能力的学生。然而,学生评价和学分授予的程序(特别是在提前毕业对学分有要求的情况下)应该定义大学水平的学习,并明确说明学分是学习情况的体现而不仅仅是实践。"

在所有地区性认证机构中,研究生学位要求通常不以课程单元为标准。相反,研究生学位要求研究生必须完成大量的工作,并与课程项目建立相应的关系。例如,大多数研究生课程标准都有对学生在校时间的要求,学生需在教育机构完成大部分课程(通常是2/3)才能获得学位。只有1个认证机构(南部院校协会)对于本科生的在校时间有要求,学生每学期至少 1/4 的学分是通过在校课程的学习得到的,才能获得学位。所有认证机构在审查学分转换程序方面都有类似的政策,强调学分转换应基于课程等价性和适用性,并由该教育机构教师根据其要求进行实施。

高校的校历是认证机构认定"学习时间"的另一种方式。大多数认证机构通过规定学期(共 17 周,其中至少 15 周为教学周)或季度(10 至 15 周),为高校制定校历提供一般性的参考,也为高校校历的调整提供了很大的余地。允许非传统校历的存在,再次体现了认证标准的多样性。例如,南部院校协会的标准做了如下规定(2001):

> 高校以非传统形式提供的本科课程(例如,集中或缩短时间段)的设计必须确保学生有时间准备、反思和分析相关主题。高校在授予本科生学分时,校历中应至少安排一周的时间以供学生反思和分析。教育机构必须证明,完成这些课程的学生所获得的知识和能力与通过传统形式学习的学生能力同等。

全国性认证。通过对全国性认证机构标准的审查,发现与区域性认证机构相比,全国性认证机构在对学生学习的定义和计算方面有更为精确的标准,并有一个相当完善的学分计算公式。其中一些认证标准重视对时间的计算,是因为全国性认证机构经常对于那些没有学位授予权的院校进行认证。根据联邦法律规定,对学生学习的计量需基于课程(学分制课程)的课时数,或继续教育课程单元而非学分。也许是因为全国性认证机构对所有记录学习的方式予以监管，它们更注重对措施及其关联性的解释。全国性认证机构还通常认证一些专业性的项目或学科的院校，涉及诸如商业、会计或技术等方面。全国性认证标准更具体可能还有一个原因，这些接受认证的高校更注重基于学生将来就业所需的技能而开设专业性课程。以下是对于学分的一些定义：

> 学生在一个学季的学分至少来源于 10 小时讲授课、20 小时实验课和 30 小时的实习……一个学期的学分至少来源于 15 小时讲授课、30 小时的实验课和 45 小时的实习（职业教育理事会，Council on Occupational Education, 2002）。
>
> "授课（面授）时间"的定义规定，最短的教学时间为 50 分钟，包括对学生的监督或直接指导教学和适当的休息时间。因此，当把课时转换为学分或为课程分配学分时，教育机构必须确保从教育的角度来讲，安排的教学课程休息的时间是合适的。不允许出现长时间教学且休息时间短甚至是没有的情况。教育机构有责任说服理事会，课程实施中充足的休息时间是必要的。然而，教育机构在计算学分时，很少会将课时数除以 50 来得到学分数，通常分母会介于 50 至 60 之间（独立学校认证委员会，Accrediting Council for Independent Schools and Colleges, 2003）。

不同于区域性认证机构标准中较为强调教师对学分授予的决定性作用，全国性认证机构标准则更为重视从院校层面进行决策，对学分进行监督和批准。例如，"独立学院认证委员会"

(2003)对非传统课程学分授予政策的规定为:

> 非传统课程或项目(例如,远程教育、协作学习或独立学习)的学分授予方法通常不使用课程/实验室/实践课的分类方法。教育机构所使用的计算方法必须提交给高等教育委员会进行预批准。高校在申请机构的批准时,必须证明所授予的课时数或学分满足学位授予和证书颁发的要求,遵循一套完备成熟的体系。教育机构需要证明学习这些课程或项目的学生与接受传统授课的学生一样,获得了同等水平的知识、技能或能力。非传统形式的课程必须是结构清晰的,以确保学生有足够的时间准备、反思和分析所学的课程。各教育机构应注意联邦法律所规定的每个学年的最低周数。

从全国性认证标准中可以看出,在对学分和课时依据的审查方面,他们比区域性机构审查得更细致。这种程度上的差异,源于美国教育部对于一些营利性机构的校历的严格审查。例如,独立院校认证委员会从院校中收集数据,以确定课程时长、学费和教师报酬的全国平均值。其认证标准规定,与平均标准的差异大于一个标准差的高校需提交关于差异的说明书。全国性认证机构对联邦法规的重视也体现在所设定的"令人满意的学术进步"的这一认证标准中,这些标准具体规定了学术成就和正常进度,并提供了一个详细的公式,通过所规定达成的学时或学分与实际达成的学时或学分进行对比,计算出教育损耗情况。在20世纪80年代末和90年代,"令人满意的学术进步"成为许多营利性学校和教育部之间的争议话题,当时学生贷款违约率上升和学校的关闭,使得学校信誉日受关注。

65　　**专业性认证**。专业性认证机构的标准与区域性或全国性认证标准不同。区域性标准是一般性的,全国性认证标准是详细的和公式化的。专业性认证则基于学生在既定的知识技能性课程体系中所取得的课程成果来界定发展。这样界定的原因在于院校认证和专业认证之间存在基本差异:后者主要是把学科领域和专业实践分离。一些已经认证过的大学或高校也是专业性认证常关注的对象,重点限于相关的特定学科或工作。大多数高校的学位要求包括一些实践经验或实习培训,这与关注技能和时间的框架模式相似,重视的不是课程而是实践。

大多数专业认证机构认可的课程项目中,专业人员可以参加证书考试,因此对学生的知识和技能进行外部评估较为普遍。获得证书的某些要求可能也是认证的补充要求,因此获取证书比专业认证在时间、学分或知识方面要多一些具体要求。由于本章没有对这些职业的国家许可法进行回顾,因此就不讨论证书要求与专业认证要求二者在实践中的协调机制。几乎在参与研究的所有专业认证机构中,学位或证书获得的标准与学生实践所需的技能发展和学习期望有关。获得学位所需的时间通常以学年表示,而不是学分。通常情况下,虽然大多数教育机构都允许学校教师可以确定具体的课程名称,但专业认证标准对课程内容和课程类型的细节会进行更细致的规定。例如,在医学教育中,课程体系涵盖相关课程、学生实习和住宿的年限。在牙科教育中,所要求的课程年限和强制性实践培训年限相均衡。

资料表明,一些专业性认证机构的标准在过去十年中被重新修订,更加关注技能、知识以及能力,而非课程体系和课程标准。

全国护理认证委员会联盟（the National League of Nursing Accreditation Commission, 2001）、全国教师教育认证委员会（the National Council for the Accreditation of Teacher Education, 2002）和工程技术认证委员会（the Accreditation Board for Engineering and Technology, 2001）都关注学生的预期学习成果，包括知识、技能和能力。他们的标准更多地关注评估目标达成的效率，而不是实现方法。尽管如此，他们仍然需要花费一定的时间来制定这些与技能和能力相关的标准。美国律师协会（法律课程认证）是一个例外。

美国律师协会（the American Bar Association）的标准（2002）详细规定了学位获得的学分和时间要求。目前正在修订的标准为远程学习提供更大的灵活性，并且在基于时间的学习测量方面更为精确：学校的校历上必须有130天的教学日程和8个月份的学校日常安排（不包括阅读时间或考试时间），学位标准（56 000分钟的教学时间且不包括课外学习），学习时间标准（学生每学期必须至少选8学分的课，每周上课不得超过20个小时），以及出勤情况（住宿生定期准时的课堂出勤是必要的，还要对各院校的出勤记录程序进行审查）。56 000分钟中至少有45 000分钟要在法学院就读。现在正在修订的专业机构认证的标准，为远程教育提供了更大的发展空间，但还是要保证56 000分钟的教学实践。

总结和结论

所有认证机构都规定，院校需基于学分、课时、继续教育或课程标准来衡量学生的学习,进而授予学生学位和证书。但各认证机构对学习评价所规定的标准程度有所差异。区域认证机构一般不对学分制或学习单元及其测量方法予以限定。在区域性认证标准中,基于时间衡量方式的同等性学习被纳入进来,例如,学位授予所要求的课程。一些区域性认证标准或校历中有将学习与基于时间的衡量措施等同起来的要求,例如,获得学位所需的课程标准。在大多数情况下,区域性认证标准把学分授予的依据留给教育机构,特别是由教师来决定。区域性认证标准重视教育机构授予学分的政策,确保其政策能够得到清晰阐述和贯彻执行,而不是直接审查学分本身。他们还提供了更多有关授予学分的替代方式的详细信息,例如接受学分转换、通过考试获得学分、学生学习的档案评价以及获得学位的在校时间要求。

另一方面,全国性认证机构标准更重视确定学分依据的具体措施,基于时间的考虑更为常见。这些标准具有技术性和可参考性,所有的全国性认证机构要对学分依据和校历进行审查。与区域性认证机构的标准不同,全国性机构认证标准并未强调高校的自主性和教师的决定权。全国性认证机构也在对院校的学分和课时政策进行审查,并提供相关的政策反馈。在三种类型的认证机构中,专业性认证机构标准通常很少涉及学分。他们一般是从总体上对学生的知识、能力和一系列实践经验进行认证,而不是从学分角度。一些专业性认证机构已经将重点放在技能和知识发展的有效性上,以此作为学校质量保证的基础。这项工作比区域性认证机构更容易完成,因为他们认证的重点只是专业研究领域。他们也会通过校外证书考试来检验毕业生的学习情况。并非所有专业性认证机构都朝这个方向发展,像美国律师协会的标准特别明确地关注基于时间的具体标准。

以上分析对本研究假设的意义在于,帮助我们了解认证机构对高校学分制的外部监管,是为学分制的有效性提供了外部验证,还是表明学分制是学术改革的障碍?当然不会是障碍。区域性认证机构在评估和实施学分制方面是最灵活的,他们的标准不会成为教学或学习创新的障碍。然而,除了在学习时间的测量方法之外,他们很少在学术学分的授予依据方面上为教育机构提供指导,从认证机构提供的详细公式能看出,他们会使用更严格的基于时间标准的计算公式。因此,担心自身认证资格的教育机构或项目可能不愿意过于偏离基于时间的学分审查标准。区域性认证机构也很少对传统课的学分授予情况进行审查,因此也不会对学科或教育机构的学分授予标准进行审查。由于一些专业性认证人员仍然使用基于时间的认证方法,这意味着在高校中受到认证的课程与其他课程会存在差异。这样的话,教育机构或许不会对课程进行全面的改变,因为对不同的课程项目制定不同的标准(例如,教学日历)是很难的。

专业性认证机构更具多样性。其中一些认证机构侧重关注学习成果而不是基于时间的认证标准,例如全国教师教育认证委员会、全国护理认证委员会联盟和工程技术认证委员会。这些认证机构在阐述教学效率时采用了一些替代性的标准。它们把外部的资格证考试作为检验教学成功的一种方式,并朝着这一方向发展。从另一方面看,美国律师协会就保留了一贯的基于时间的衡量方法。在所有区域性认证机构中,该机构不负责为想要尝试创新性教学方法的教育机构提供指导。

与区域性或专业性认证机构不同,全国性认证机构在学分授予的依据方面提供了较为详细的标准,以确保教育机构符合认证要求并合理地授予学分。它们积极执行此标准的原因可能在于,美国历史上曾出现过,某些通过全国性认证的高校在学生资助项目的欺诈审计这一问题上,与联邦政府产生过冲突。全国性认证机构还对不授予学分的教育机构进行认证,这些教育机构通过测算学时或继续教育课程授予学生学位。由于这些院校需同时考虑学习的不同记录方式,他们会更重视基于时间的测量标准的公平性应用。

参考文献

Accreditation Board for Engineering and Technology. Accreditation Policy and Procedure Manual. [http://www.abet.org/images/2002.03APPM.pdf]. Nov. 2001.

Accrediting Council for Independent Schools and Colleges. Accreditation Criteria. [http://www.acics.org/content.cfm?Ll=2&L2=6.0]. Jan. 2003.

American Bar Association. Standards for Approval of Law Schools. [http://www.abanet.org/legaled]. 2002.

Councilon Occupational Education. Accreditation Handbook. (http://www.council.org/Documents/Publications/Handbook/2002_coe_handbook.pdf). 2002.

Middle States Association of Schools and Colleges. Characteristics of Excellencein Higher Education: Standards for Accreditation. (http://www.msache.org/charactenstics%20book.pdf). 2002.

National Council for the Accreditation of Teacher Education. Professional Standards for the Accreditation of Schools, Colleges and Departments of Education. Washington, D.C National Council for the Accreditation of Teacher Education, 2002.

National League of Nursing Accreditation Commission. Accreditation Manual and Interpretive Guidelines by Program Type. [http://www.nlnac.org/Manual%20&%201G/Ol_accreditation_manual.htm]. 2001.

New England Association of Schools and Colleges, Commissionon Colleges. Standards of Accreditation. [http://www.neasc.org/cihe/stancihc.htm]. 2001.

North Central Association of Schools and Colleges, Higher Learning Commission. Criteria for Accreditation. [http://www.ncahigherlearning-commission.org/resources/policies/edinstia.html#la]. Feb. 2001.

North Central Commissionon Higher Education. Criteria for Accreditation and General Institutional Requirements. Feb. 2002.

Southern Association of Colleges and Schools, Commissionon Colleges. Principles of Accreditation. (http://www.sacscoc.org/pdf/Proposed%20Principles%20of%20Accreditation.pdf). Dec. 2001.

Western Association of Schools and Colleges. Handbook of Accreditation. [http://www.wascweb.org/senior/handbook.pdf]. 2001.

第六章

联邦财政援助计划项目的扩大,意味着在过去的 20 年里,联邦政府已经成为基于时间测量标准的学分制的最大单一监管机构。然而,联邦政府将关注点从行政管理和财务问题转向学术政策和质量问题。

联邦政府对学分制实施的关注点:
时间和政府工作人员

珍·韦尔曼

本章对关于"联邦政府在学分制的内涵界定和实施方面的作用"的当前研究进行了概述,重点介绍了联邦教育部(U. S. Department of Education, USDE)在学分制的制定中的作用。由于联邦政府在环境法、民权法以及税收制度等方面的研究中发挥了一定作用,因此,联邦政府对高等教育的影响远远超出了联邦教育部的影响。联邦政府的其他机构在具体工作中也使用学分制或者与之相仿的举措,但由于联邦教育部这一机构承担高等教育领域中所有项目管理、资金管理以及职责报告等任务,因此其关于学分制的内涵界定和实施随后也被联邦政府的其他机构所采纳。到目前为止,联邦教育部在高等教育领域中的政策角色有着强有力的作用。

联邦教育部在高等教育中的作用

联邦教育部是规模最小、最年轻的内阁成员机构。早在联邦教育部成立之前,联邦政府就开始对高等教育进行管理(《"二战"退伍军人法案》(the post-World War II GI Bill)的颁布,使得退伍军人有权利获得教育券,以接受中学后的教育)。1972年,正值卡特政府执政期间,联邦教育部成立,该机构从旧有的卫生、教育以及福利部门中选取了部分负责项目的工作人员。法律规定,联邦教育部成立的目的在于"确保教育机会平等,促进教育卓越发展"(见美国法典第20编,第31章,第1228节a)。历史上,联邦政府的作用仅局限于对提供给州和学区"直通式"的项目资金进行管理,旨在促进教育机会平等,提升教育质量。与世界其他国家的政府不同,联邦教育部对学前教育、中小学教育以及高等教育均没有设定标准。事实上,法律明确限制了联邦教育部对各级教育的任何政策控制。

法律规定如下:

> 美国的任何部门机构和官员均无权对任一教育机构或学校系统的课程、教学计划、行政、人事、图书馆资源和教科书的选择,以及印刷或出版的教学材料等方面进行导向、监督和控制,因此在此方面也没有指导性的实施方案[《美国法

典》第 20 编(20U. S. C.)第 31 章,第 1232 节]

尽管有该法定禁令,但联邦的关注兴趣(促进教育机会平等,追求教育卓越)与联邦对学校课程和教学管理的"指导、监督和控制"之间的界限并不总是易于划分。联邦政府对学前教育和中小学教育领域的教育政策作用日渐强化。特别是 1983 年发布的《国家处于危机中:教育改革势在必行》(Nation at Risk)报告[全国卓越教育委员会(National Commission on Excellence in Education),1983]为全国教育改革奠定了基础。首先在《2000 年目标》(Goals 2000)法律以及最近的 2001 年《不让一个孩子掉队法》(No Child Left Behind)中,联邦政府将重心移至国家层面的努力,通过制定明确的学生学习标准、学习成果评估标准以及绩效责任制,来提升教育绩效。政府还提议额外出资 100 亿美元作为小学和中学的教育经费(美国管理和预算办公室,2003)以增强联邦政策的影响力。到目前为止,联邦政策的加强主要局限于 K‐12 教育,尽管有些人认为联邦政策在高等教育中的作用也应该得到强化。例如,布什政府和参议员约瑟夫·利伯曼(Joseph·Lieberman)分别表示应通过完善《高等教育法》(the Higher Education)来解决高校低毕业率和学位获取耗时的问题。因此,法律可以逐渐演变成一个让联邦政府对高等教育管理有更多话语权的平台。如果是这样,联邦政府以时间和地点为基础的衡量标准作为学分的定义将成为有关高等教育未来发展的全国讨论性的中心话题。

这将成为有关未来高等教育方向的全国讨论的中心话题。

第六章

高等教育法

  《高等教育法》阐明了联邦政府在高等教育中的角色(见表6.1),该法于1965年首次颁布,是约翰逊政府的"伟大社会"(Great Society)计划的一部分。《高等教育法》为联邦资助学生和其他高等教育项目提供了法定授权。这些项目扩展了《退伍军人法》的资助模式,旨在以教育券的形式为来自低收入家庭的学生(而非高校)提供联邦资助,使之接受高等教育。《退伍军人法》是基于必要的服务进行授权,获取联邦政府资助的学生的资格在很大程度上取决于学生的经济需求,这些需求是通过收入和教育成本来衡量的。《高等教育法》的逻辑是,资助学生是联邦政府发挥双重作用的理想媒介,通过对最需要资助的学生进行补助,学生接受教育的经济机会更加平等,也有助于实现教育的卓越发展,国内的任一通过认证的学院或大学均可以接受联邦政府的资助拨款(Gladieux and Wolanin, 1976)。此项法律可以通过允许学生的入学选择来决定联邦资金的流向,增强高等教育之间的竞争,从而(至少在理论上)通过竞争和提高质量来促进教育机构的多样性。资助学生项目的可移植性对高等教育变革起着关键作用。从"院校起决定性作用,并对学生所学课程进行明确规定"的教育系统转变为学生日渐起决定性作用的教育系统,这一转变是通过学生在不同高校所修的一系列课程而形成的学习项目"组合"实现的。

表 6.1 《高等教育法》各编标题

第一编	一般性规定(法律术语的定义)
第二编	旨在提升教师质量的补助金规定——对州和合作机构的资助
第三编	对教育机构进行的资助(旨在增强教育机构实力的资助,对传统黑人大学[1]的资助,少数民族科学与工程改进项目)
第四编	学生资助[佩尔助学金,对外推广计划和学生服务项目,校园助学金,联邦贷款,州伙伴关系助学金项目;学生经济需求分析,罗伯特·伯德奖学金,课程项目、学生和教育机构获资助的资格规定,资助计划的完整性(包括资格认证的制度)]
第五编	对"西班牙裔"服务机构的资助
第六编	国际教育项目
第七编	研究生和高等教育项目

来源:美国教育部。《联邦教育法汇编》第三卷:高等教育。华盛顿特区:美国政府印刷局,1999年。

联邦政府对学分制的应用与实施

联邦政府对学分制的应用体现在多个方面:测算学生的任务耗时和进步程度;为报告类的文书提供标准,例如在招生报告中提供等同于全日制教学的测算标准;并且,它也是一种将时间标准转换为质量标准的监管工具。学分制不仅是实现以上目标的工具,它也被纳入一系列基于时间的计量标准中,而这些标准也交织贯穿于《高等教育法》中,包含对校历的相关规定、从时间到程度的评价标准、对主校区和分校区以及相关场所的规定。此外,学分制也被纳入联邦政府对高校的要求中,以作为那些申请获得学生援助资格的高校筛选标准。

许多认证标准已被纳入法律条文中,以确保资助计划中项目

---

[1] Historically Black Colleges and Universities,译为"传统黑人大学",简写HBCUs,是指美国1964年前专为黑人而设的高等教育机构。

和财务的真实性,即防止"文凭工厂"和其他财务欺诈行为渗透进联邦资助计划。1992年以前,关于校历和学制的标准,联邦层面未将其纳入法律条文中。然而,资助计划中高校欺诈和滥用事件(包括几家广为人知的区域性认证机构关闭)使学生贷款违约率达到了有史以来的最高水平。1992年,国会采取行动,重新修订法案,并补充了旨在加强行政、财政以及质量控制的法律条文规定。最初,联邦政府发起了一个短期州高等教育评估独立实体的项目(State Postsecondary Review Entity program),旨在通过此项目加强联邦政府与各州的合作,对具有不稳定特征(例如,高违约率、财务状况不稳定、强制性考试中的毕业生低通过率)的高校进行评估。这一项目实施的很不顺利,还成为高等教育机构中的政治隐患,最终被撤销。

然而,1992年《高等教育法》修正案中依旧有涉及针对贷款项目中欺诈和滥用问题的法定标准,其中包括:联邦层面对高校资格认证的加强性监管、管理、公示以及财政方面的要求,以淘汰边缘性的申请高校。很多规定使用了明确性的、基于时间的衡量标准,例如校历和课程时长,作为反映高校质量的代替物,故而质量以完成时间的形式得以体现。1992年《高等教育法》似乎成功地降低了学生贷款违约率(以及营利性院校的入学率)。但同时,1992年《高等教育法》的修订也给一些传统教育机构增添了挑战,它们试图通过多样的教学日程安排(例如2到3个月的短期强化课程)和远程学习,为学生提供弹性的入学选择机会。然而在本书第三章关于教学创新的研究中,有一些教育机构认为联邦政府基于时间的衡量标准是一个障碍。这些基于时间的衡量措施对于有大量非全日制或年龄大的学生的教育机构来说尤为困难,因为这些学生要通过远程教育学习。但是国会一直不愿取消这些要求,因为这样做会再次导致学生资助计划中的欺骗和滥用行为的发生。1998年《高等教育法》修订案的条文中加入了一个"远程学习说明条例",以鉴定时间标准的替代性标准,并且保证了学生资助项目的诚信行为。本章后面将详细介绍这项计划。

联邦法律中关于学分制的具体规定如下。

教育机构资格:教育机构必须满足三个条件才能有资格申请联邦学生援助项目。第一,通过了联邦政府所认可的认证机构的认证;第二,获得了所在州的批准;第三,满足联邦政府援助的财政和管理要求。除了学生入学情况,联邦政府所设置的资格要求有时高于教育机构的能力范围,不过这可以作为教育机构课程设置参考的框架。高校要求和项目要求有时会相互交织,给联邦教育部和高校造成了困扰。

教育机构规定:由于高校学位的获得包括对学分制的要求,所以学分制被纳入高等教育院校的法律规定中。高等教育机构必须授予学士学位或设置可转为学士学位课程的两年制课程。按照法律规定,学位的授予需依据记录课程的学分制,规定为:"每学期持续时段多于15周(50分钟/学时)的教学,或者是每学季持续时段多于10周(50分钟/学时)的教学。基于按上述方法得到的课时总数,来判断学生是否达到学位、学历证书、结业证书或其他正规奖励的授予要求。"(美国教育部,2002)高等教育机构或没有学位授予权的院校必须用学时记录课程,"所安排的对学生进行的1小时的教学,也指面授课时"(美国教育部,2002)。需要注意的是,在教育法中,学分制仅作为测量教学时长的标准和学位获得的构成要素。学分制与面授学时意思相近,也就是如果在课堂外且没有老师在场的话,学生将不会被授予学分。在不同的学历、文凭以及教学层面,均有涉及学分或课时的要求。然而,无论是在法律还是在规章制度中,学分制和学时等术语均未得到明确界定,尽管其在综合性高等教育数据调查(IPEDS)数据词汇表中有学分和学时的相关要求(美国教育部,2002)。

学年和全日制招生:教育机构每年必须提供至少30周的常规性教学,在此情况下,"全日制本科生"需至少获得24学期学分、36学季制学分或完成900学时的课程(《美国法典》第20编,第481节)。

学生入学情况:学生需要说明满足援助项目标准的经济需要,同时也需获得恰当的入学条件,即学生必须在半学期后(学期制下,上够超过6时/周的课程)才有条件申请财政援助(《美国法典》第20编,第484节)。如果学生在入学后的每周上课时间不足12时(指每学期的"全日制"课时),可能也有资格获得助学金,但所获资助的级别是根据招生单位的数量按比例分配的。因此,学分制后来也确立了对有经济需要的学生进行不同级别援助的规定(《美国法典》第20编,第1070页a,第401节)。在学生贷款项目中,借款限额根据入学层级确定,相比高年级学生的借款额而言,低年级学生在借款时所受的限制较小,比高年级学生限额低,研究生和高职学生的限额最高(《美国法典》第20编,第1087页,第464节)。为了划分这些资助水平,法律规定,根据学生获得的学分数对学生入学层级进行划分,且函授学校的学生不被视为全日制学生(《联邦法规》34章,第668.2节)。

教育机构和课程的50%限制:如果教育机构有超过50%的课程是通过函授或远程教育的形式讲授的,该院校则没有资格参与联邦学生资助项目。此限制也适用于院校课程,例如,如果在课程计划中有超过50%的课程是通过远程或函授方式讲授的,那么参加该课程学习的学生也没有资格获得联邦学生援助(《美国法典》第20编,第1001页,第102节[a][3])。非学历教育的课程需满足以下要求:课程持续时长至少为15周,相当于600课时,16学期学分或24学季学分(《美国法典》第20编,第1088页,第481节)。

令人满意的学业成就:法律还要求学生需持续注册在校并保持达标的学业成就(法律规定学生的平均水平至少应达到"C"),才能保留对学生的资助。这样,那些大部分学生只学习一两门课程的院校就很难参加资助计划。本书第三章中描述的凤凰城大学与联邦教育局之间的问题就证实了这一法律规定的结果(《美国法典》第20编,第1091页,第485[C]节)。

学生的受教育成本:联邦政府对有需求的学生进行级别差异性的资助以教育成本为依据,成本包括学费、生活费以及其他费用,针对那些出席课堂超过半数时间规定的学生。学分制下,政府可以计算非全日制学生的学费和其他费用。以及确定学生是否有资格获得生活补助金和其他资助。

学籍情况、毕业和违约规定:根据法律规定,学生需进行学期性的学籍"持续注册"。依据学籍注册情况可以计算退学率、学业成就的达标率以及对学费退款做出规定。学籍状况决定着贷款学生何时进入"偿还期"。从全日制转为非全日制的学生不再有资格参加贷款项目(《美国法典》第20编,第1087页DD,第464节)。

资助费用发放:基于时间的标准,联邦政府进而确定向教育机构发放贷款和资助的顺序。没有标准化校历的教育机构必须与联邦教育部协商获得资助的期限(美国教育部,2002)。

对认证机构的管理：教育机构必须经由联邦教育部部长所认可的机构认证,进而成为提供"质量方面已获得可靠授权的教育和培训"的院校(《美国法典》第20编,第1099页B[A],第496节)。自《退伍军人法》颁布以来,联邦政府一直依靠认证机构来认证院校的质量。这种同行评估体系将普遍认同的质量标准作为认证标准,自19世纪后期就已存在。历史上,美国的院校认证是指,院校通过"后中等教育教育委员会"及其继任机构"高等教育认证委员会"管理的内部"认证"过程进行自我监管。然而,随着联邦学生援助项目中问题的累积,联邦政府逐渐将先前基于院校自发性的自我监管纳入联邦政府的监管中,并最终将院校认证纳入法规。1992年《高等教育法》的修正案是迄今为止联邦法律条文最显著的一次完善修订。1965年的《高等教育法》规定,认证机构必须达到联邦政府认可的标准,即"'认证机构'须一直执行标准,以确保教育机构提供的课程、培训学习,包括远程教育课程在内,都有足够的质量保证,且在院校认证期间,院校需提供既定的课程目标"(美国教育部,1999)。法律还规定了认证机构在认证过程中参考的合理化标准。最低标准如下：

- 符合院校愿景的学生成就
- 课程设置
- 师资队伍
- 设施、设备和用品
- 财政水平和行政管理能力(视具体操作而定)
- 学生支持性服务

- 招聘和招生活动、校历、大学情况一览、出版物、学校评分和宣传
- 课程时长或学位、证书授予的评价标准、认证机构收到的学生投诉记录
- 符合联邦学生援助项目的资格要求(《美国法典》第20编，第1099页B,[A][4]和[5])。

正如第五章中所讨论的,不同的认证机构在实施学分制方面存在着很大的差异。认证机构和联邦政府在学分制的外部实施方面具有双重作用,认证机构通常将学分制视为一种灵活性的记录学生课程学习的手段,而联邦政府将其视为衡量任务(与学生的学习相关)时长的强制标准。

对高等院校报告的要求

联邦教育部除了有对高校项目的管理和监管责任外,在数据收集和信息发布方面也发挥着重要作用。数据主要是通过对教育机构进行定期调查的方式而获得。一类调查是以部分教育机构或学生样本为调查对象,另一类调查是以申请联邦学生援助项目的所有教育机构为调查对象。在调查中,所有教育机构都需要汇报本院校的财务状况、教职工情况和学生注册情况,这一系列调查统称为美国综合高等教育数据调查(IPEDS)。其中的一项调查要求教育机构对学分制的相关教学管理活动进行汇报,其余的调查是把学分制纳入全日制学生和非全日制学生在校情况的评价标准中。在《综合性高等教育数据调查术语大全》(the IPEDS dictionary)中,联邦政府对学分制及其衍生的基于时间的

衡量措施做出了具体定义。因此,高校报告要求自身也直接沿用《术语大全》中对学分制的界定。

联邦教育部还要求各院校在《学生知情权》(USDE)的报告中提供学校的绩效信息。《学生知情权》(Student Right to Know)这一法律条文规定高校需向公众提供有关办学成本、学生援助、学校能提供的资助项目以及毕业率的相关信息。《学生知情权》对高校授予学生毕业证书的要求是,高校需将学生积累的学分作为衡量其学业成就的标准,并持续5年记录学生的整体进步情况。《学生知情权》允许不同教育机构在计算退学率和毕业率的方法上有所不同。《学生知情权》这一基于时间的绩效统计方法已成为教育机构汇报教学产出情况的标准,并且会逐渐用于国家会计系统的报告计划中。

远程教育"说明条例"

随着远程教育的日受关注,国会在1998年《高等教育法》修正案中增加了一项内容——远程教育说明条例。该法律条文的制定目的在于,测定日益扩大的远程教育项目的质量和可行性,以确定开展优质远程教育的最有效方法,以及明确"对参与远程教育项目的学生提供适当水平的联邦资助"(《美国法典》第20编,第486节)。在15个不够资格参加资助联邦援助项目的远程教育机构或远程课程中,该法选取了部分申请机构作为举例。以下教育机构因具体规定放弃申请:

明尼苏达州明尼阿波利斯市卡佩拉大学(Minnesota, Minneapolis, Capella University):因不满足50%的比例限制和学年时长的要求而选择弃权。

科罗拉多州社区学院（Community Colleges of Colorado，14 所高校）：因不满足 50% 的比例限制、学年时长、教学周以及学业成就达标率的要求而选择弃权。

康涅狄格州远程学习联盟（Connecticut Distance Learning Consortium，25 所高校）：因不满足 50% 的比例限制、学年时长以及教学周要求而选择弃权。

塔拉哈西佛罗里达州立大学（Tallahassee Florida State University）：因不满足 50% 的比例限制规定而选择弃权。

俄亥俄州哥伦布市富兰克林大学（Ohio, Columbus, Franklin University）：因不满足 50% 的比例限制规定而选择弃权。

LDS 教会教育系统（LDS Church Education System，4 所高校）：因不满足 50% 的比例限制、学年时长、教学周以及全日制学生的规定而选择弃权。

纽约大学：因不满足 50% 的比例限制、学年时长以及教学周的规定而选择弃权。

北达科他大学系统（North Dakota University System，11 所高校）：因不满足 50% 的比例限制、学年时长、教学周以及全日制学生的规定而选择弃权。

Quest 教育公司-卡普兰学院（Quest Education Corporation-Kaplan College）：因不满足 50% 的比例限制、学年时长以及教学周的规定而选择弃权。

阿拉巴马州蒙哥马利市南方基督教大学（Southern Christian University, Montgomery Alabama）：因不满足 50% 的比例限制规定而选择弃权。

卢伯克得州理工大学（Texas Tech University, Lubbuck）：因不满足50%的比例限制、学年时长、教学周以及全日制学生的规定而选择弃权。

马里兰大学帕克分校（University of Maryland, College Park）：因不满足50%的比例限制、学年时长以及全日制学生的规定而选择弃权。

西部州长大学（Western Governor's University, WGU）：授权法令中特别提到了西部州长大学（美国教育部，2002）。

2001年1月，《远程教育说明条例》（the Distance Education Demonstration Project）的第一年进度报告被提交给国会。在该报告中，联邦教育部就一种可能的"基于学生"的学生援助支付方式进行了讨论，以替代"基于教育机构"的学生援助支付方式。西部州长大学作为"基于学生"的援助支付方式的范例被予以介绍，内容如下：

开始日期；

规定全日制学生完成学位或获得证书的时间段，以此为依据确定学生入学水平，进而来确定资助等级；

学年时长为365天；

根据生成的预算成本确定资助；

将学年划分为两个等额资助阶段在资助期间添加课程；

在资助期间进行多样化支付，根据生成的成本灵活调整资助费用，通过能力考试或部分能力考试对学业成就进行持续不断的监控。

"12小时规则"特别报告

尽管法律中包含"30周"的规定,但并没有对学术周的定义进行界定,因此联邦教育部对12小时和30周的规则进行一定的制度规定,而这项规定则引起了远程教育讨论中的争议。由于该规定只具有一定的监管作用,而不具有法律效力,故而国会于2001年指示联邦教育部与受影响方进行规则的重新协商,这是一个"协商决策"的过程。2001年7月,联邦教育部发布了一份关于"12小时规则"的特别报告,其中大部分内容涉及远程教育质量的可比性问题,以及学分是否可以脱离时间这一衡量方式。这一话题在华盛顿特区的高等教育界引起了争议,其中美国大学教授协会和美国教师联合会带头坚持"12小时规则",想以此来阻止远程教育的发展。最终他们输了,2002年,联邦教育部废除了"12小时规定"。

总结和结论

联邦政府通过联邦教育局,在学分制方面发挥多重作用:作为课堂时间的衡量标准,将教学活动标准化为共性指标(例如全日制学生、教学成本以及学业成就的相关规定)、数据报告要素、教学时间的核心单位,以及作为质量的替代物。由于所有教育机构在申请联邦资助资格时,都需要汇报衡量标准,因此,相较于任何的独立实体机构,联邦政府更为持久地推动基于时间标准的学分制的实施。

最开始，联邦政府利用学分制来衡量学术活动和报告标准，后来逐渐增加其在学生援助计划中发挥的作用，将其作为加强行政和财务控制的手段。由于联邦政府认为不存在像学分制这样可以有效反映教学时间的替代方式，因此它通过标准化的校历和教学授课规则，以推动学分制的实施，但这给那些希望开展其他教学模式、制定可选择性校历的教学机构造成了困难。这些问题促成了联邦说明条例的制定，以测试基于时间标准的替代方案，并就现已被废除的"12小时规则"进行讨论。这些话题具有一定的政治象征，仿佛是一条分界线，主要根据独立课程和学分积累，把基于教育机构的教育体系同以教师为中心的高等教育体系划分开来。因此，学分制的沿用、变更或废除，是全国范围内的关于高等教育意义及其实现方式的讨论焦点。

参考文献

Gladieux, LE., and Wolanin, T. R. Congress and the Colleges. San Francisco: New Lexington Press, 1976.

National Commissionon Excellencein Education. A Nation at Risk. Washington, D. C.: U. S. Government Printing Office, 1983.

U. S. Department of Education. Compilation of Federal Education Laws, Vol. 3: Higher Education. Washington, D. C.: U. S. Government Printing Office, 1999.

U. S. Department of Education. Instructions for Integrated Postsecondary Education Data Surveys. Washington, D. C.: U. S. Government Printing Office, 2002.

U. S. Office of Management and the Budget. Federal Budget for Fiscal 2003 [http://w3access.gpo.gov/usbudget/fy2003/pdf/hist.pdf]. Washington, D. C.: U. S. Government Printing Office, 2003.

第七章

尽管学分是工作量和资源使用的衡量指标,但它的表现总是不令人满意。该制度最普遍的应用方式之一,就是作为公共预算中工作量和资源的衡量手段,而这对公立性的社区学院尤其不利。

学分制与公共预算

珍·韦尔曼

本章讨论了学分制在高等教育公共预算制度中的应用。研究包括回顾已发表的关于国家高等教育预算的文献,以及对国家公共预算专家所做的访谈。该研究仅限于回顾学分制在公共经营预算中的运用,并未涉及其在私立机构预算中的运用,也没有涉及高等教育中的其他预算类型(资本支出、附属企业、医院和专项资金预算)。然而,学分制及其衍生制度在基于录取人数而制定的预算的运用,无论是在公私立院校,还是在资本预算中,均较为普遍。本章内容的分析可能远超出公共经营预算的范围。但由于本部分内容在很大程度上局限于对经费分配(预算过程的一

第七章

部分)的回顾,因此相对于公共财政这一范畴更大的话题(涉及财政收入和补贴政策,而不仅是经费分配方式)而言,本章的分析较为清晰明了。

改变资助环境

2003年初,几乎每个州都在讨论州政府在高等教育方面的财政问题。在上世纪90年代末,各州资金状况良好,自从"二战"结束后,减税政策和2002年的经济衰退共同导致了该年份成为州预算状况最糟糕的一年。而当前的资金短缺暴露了大多数州收支结构性失衡所导致的资助体系的严重缺陷,这意味着即便当前的危机结束,高等教育的长期资助轨迹也将依旧暗淡。这是因为对高等教育进行经费支持,属于州政府弹性预算的一部分,但在过去十年中,由于政府收入减少,而像医疗保健等政府津贴项目的强制性支出却在增加,故而弹性的(预算)项目在州总支出中的比重一直在下降。

在州层面未进行全面的预算改革的情况下,无论是在收入方面还是在支出方面,高等教育经费在州政府支出中所占的比重可能会继续下降。而在这些经费缺口产生的同时,许多州的高等教育入学需求都十分迫切。很多高等院校开始大幅提升学费以弥补这一缺口,即便如此,学费收入并没能完全弥补州财政收入的损失。入学人数在增加,但收入却在下降,使得大多数院校面临着双重困难,它们必须在学校收入不断下降的情况下想办法为录取的新生提供足够的空间。这也使得越来越多的人对高等教育资金的合理化使用产生浓厚兴趣。在这种背景下,我们需要重构高等教育的财政体系，而学分制无论是作为州预算结构中的阻碍因素，还是作为解决问题的可能性工具，都应得到高度重视。

公共预算的一般方法

正如第一章中对学分制历史的介绍所示，在卡内基教学促进基金会（The Carnegie Foundation for the Advancement of Teaching，在第一章中引用）初期工作的背景下，学分制的设计初衷之一就是创建一个活动的标准尺度。基于此，我们可以将成本标准化，并对不同院校间的生产成本进行比较。因此，学分制最终成为公共预算中的重要组成部分。它既是学生录取的基本考虑要素，也可以作为一种分析工具，通过成本计量和学生流动分析来评估资源的使用方式。

"公共预算"这一术语包含一个复杂的政治进程。在这一进程中，公立院校向政府申请并接受政府资助，然后将这些资源分配给各分校和部门。公共预算系统的首要政策目标，是确保州政府能履行其义务，以可靠的方式推动政府各机构使命的实现，为公共讨论预算目标和捐资问题制定一个合理体系，同时，公共预算系统也是问责系统（审计、绩效报告）的一部分，并提供一定的足以实现机构愿景的资源。在预算的技术层面，则需要与州内的政界人士和政府行动者共同努力，以确定资源分配依据。

预算是高等教育界公认的对各机构行为产生影响的最有力的公共政策手段，因为人们会自然地对任何资金分配系统中的积极或消极诱因做出反应。因此，各州和各院校利用公共预算程序来阐明高等教育的政策目标，他们称这些目标在政治预算程序中也具有普遍性。这是通过计划、绩效评估、公式测算和谈判协议实现的。

预算程序通常历时多年,涉及多个阶段,包括从计划到预算的申请和批准、款项划拨以及审计或评估。预算程序主要在两个基本领域内运作:院校和政府之间,以及高等院校内部。了解学分制作为一种衡量手段在上述这些阶段中所起的作用是很有意义的,但是大部分讨论都将集中在它作为公共资源分配工具和问责手段的作用上。而主要关注点则是学分制以及政府与院校之间的预算关系。

所有的公立高校都将他们的运营预算整理成多个项目大类,从而区分不同类型的院校活动。这些类别最初出现于20世纪60年代和70年代,在丹尼斯·琼斯(Dennis Jones)及其在国家高等教育管理系统中心(National Center for Higher Education Management Systems)的同事们的主导下提出。随着时间的推移,这一术语已经标准化,且现在已经运用到联邦综合高等教育数据调查(Integrated Postsecondary Education Data Surveys, IPEDS)和州级报告规范中(有关IPEDS的具体描述,请参见第六章)。这些项目类别被运用于预算、规划以及开支报告中。表7.1对这些项目大类和活动类型进行了预算和支出的细化划分(如想获取院校职能分配标准指南和完整项目列表,请参见美国教育部在2002年制定的IPEDS《数据词典》)。

表7.1 高等教育预算支出与活动

预算或支出类别	一般活动
指导类	一般性指导,部门管理和院系研究
研究类	有组织的研究(通常由外部资助)

续 表

预算或支出类别	一般活动
公共服务类	有组织的活动,如社区学校、公共文化活动等
学术支持类	图书馆和博物馆,计算机技术服务
学生服务类	咨询,建议,助学金管理,学生健康服务,学术指导以及就业安置
院系支持类	中心机构管理服务,如招生、财会、行政管理、院系发展规划和院系科研
设施运行及维护类	建筑和场地维护
奖学金类	学生助学金批准和贷款
附属企业类	独立运营的机构,如宿舍、餐厅和书店
校医院和诊所类	独立运营(或差额拨款)的医院和诊所

这些类别只是与之相关联的行为的代名词。教学和研究之间的界限并不明显,尤其是在研究生阶段,且在授课时间方面也是如此。例如,在大多数院校中,不受资助的研究会被记录为教学活动,而有外部资助的研究或有组织的研究(一般在研究部门或研究中心的组织开展,脱离院系的行政性)则会被视为"研究活动"。大多数部门的行政管理属于教学支出的范畴,而校级的中心管理服务则属于"院系支持的范畴"。多年来,通过国家高等教育中心管理系统(National Center for Higher Education Management Systems, NCHEMS)的努力和全美高校商务者协会的志愿性活动,横跨多领域的成本分配准则已合法化,且已编入联邦综合高等教育数据调查(IPEDS)和其他报告协议中(Jenny,1996)。尽管如此,院校在划分支出的类别时仍保持有一定的灵活性,而这可能会使院校之间在比较项目方面的成本时缺乏精确性。

第七章

不同预算方法的演变

在20世纪60年代,学分制在全国范围内成为公立高等院校预算系统的基本构成要素。而如下几个州都记录了这段发展历史:包括加利福尼亚州、得克萨斯州、伊利诺伊州、密歇根州、纽约州和威斯康星州。尽管各州在记录时的具体细节有所不同,但所反映的历史主题是一样的。记录的不同历史反映出高等教育不同的组织和管理方式,以及是否存在多校区的"系统"委员会或全州性的理事会。了解这些内部和外部的政治动态有助于揭示在当时历史背景下发展起来的预算系统技术(Jones,1984;Lasher and Greene,2001;Douglass,2000)。

20世纪60年代,随着许多州立大学开始从单一校区扩展为多校区大学系统,制定合理的预算程序成为全州范围内多校区大学系统的首要任务之一(如纽约州、威斯康星州、佛罗里达州和加利福尼亚州等州有分级别的管理委员会,作为管理机构,而俄亥俄州、得克萨斯州和弗吉尼亚州等没有系统委员会的州则有州委员会)。各委员会必须平衡好内部机构成员的不同需要与更广泛的州利益。无论是研究型大学与综合型大学之间,还是在老牌院校和正在成长中的院校之间,院校关系都极为紧张。而外部支持者则需要明白,资助申请是根据实际需要提出的,而这些需要也是随后资源使用的目标依据。州政府还希望有一种方法来比较各大学系统或院校的资助需求,以确保资助标准的公平性。总的来说,政府所需要建立的预算体制应是,一方面可以保证政府在公开透明的信息基础上进行预算决策,另一方面可以保证以一视同仁的基本准则对高校的资助需求进行比较。此外,为了推动各机构就优先事项达成共识,也需要借鉴先前已制定的国家审查计划。各州所用的基本预算模式都是基于成本的增量预算制度——年度资金申请和资源分配都是根据上一年的资源使用情况进行的,并根据工作量和项目需要进行调整。通过分析院校内部以往的资源使用方式,有时为了项目改进或促进院校内部资助的公平也会考虑其他因素,进而可以计算出每学分的单位成本。还可以通过国家高等教育中心管理系统开发的资源需求预测模型等,用学分成本来预测未来的资源需求。那么,学分制模式和资金二者,谁居于首要地位呢?答案是后者。因为学分制模式是为了帮助记录现有基础资源的使用情况才创建的。在不同的院校中,也可以采用类似的单位成本制度:通过对与相应资助水平有关的任务使命、课程或学科进行权重赋值,进而计算出教育成本。例如,如果一所一流研究型大学的全时当量(FTE, full-time equivalent)的单位成本超过一所综合型大学的全日制单位成本,那么在计算 FTE 成本的公式中,所用的权重则会被赋予更高的资金水平。公式一旦得以制定,原来的支出模式便可以继续沿用。无论是在教学领域,还是在学术支持、院校支持等领域,由于对活动的衡量方式已达成共识,故而学分制和 FTE 标准成了计量成本的默认工具。而在所有预算中,主导性的核心成本计量是:等同于全日制的平均成本的计量,而学分是衡量每个学生成本的基本单位(Bowen, 1980; Jenny, 1996)。

在许多州,如加利福尼亚州、纽约州、印第安纳州、明尼苏达州和新泽西州,早期的预算制度仅限于在四年制公立高校中使用,而并不包括社区大学。社区大学是作为县政府的一部分来接受资助的,其预算制度是在美国基础教育资金模式的基础上建立的。因此,这些州的社区大学的预算模式更像是基础教育资金分配公式的延伸,有时是根据平均日出勤量,而不是FTE公式,来计算资金。与高等教育不同的是,美国的基础教育和社区大学最初不报告项目的预算或支出(如前所述),而仅仅是根据平均日出勤量来分配资金。学生人数是基于学生所获得的学分累积而计算得来的,这一点与FTE统计方式很相似。高等教育和基础教育的一个关键区别在于,基础教育的毕业要求通常是根据被转换成卡内基学分的(见第一章)课程要求来定义(和规范)的,而公立性高等教育的学位要求通常是由学分而不是课程来定义的(这个问题在第六章进行了深入探讨)。此外,基础教育和社区大学遵循义务教育法,对学生的出勤情况进行"积极时间记录",进而授予学生学分。与之相反,在四年制的公立高等教育机构中,学分制和FTE的应用标准在很大程度上是由高校或院系决定的,没有外部审查以确保其标准的一致性。

虽然在后续发展的预算制度中,社区大学和四年制高校有一些相似之处,但是不可否认,社区大学的预算制度植根于基础教育的预算制度,这意味着社区大学对基本的工作衡量标准的决策作用会受到更多限制,其所在州不仅承担对社区大学的支付责任,同时也肩负对社区大学的治理责任。与预算系统的发展相同步,更为复杂的管理信息系统也在不断地发展。管理信息系统的数据来自高校报告,这些数据是基于高校自身实施的学分制所进行的工作量统计数据,涉及学科、教学层次以及教学模式(讲座、研讨会、实验或讨论的形式)等具体内容。更为精细化的数据使成本估算得以改进,进而推动预算系统的变化。预算公式越发完善,越会从覆盖所有部门的 FTE 单位平均成本发展到在学科层面、教学层面或部门层面的院校内部区分成本的预算公式。预算统计方法日益复杂巧妙,从关注所有院校的 FTE(等同于全日制)单位平均成本,变为关注院校内部的学科、教学或院系层次的差异性成本。

早期州预算公式的原始模型可以在丹尼斯·琼斯(Dennis Jones)1984 年出版的《州一级高等教育预算》(*Higher Education Budgeting at the State Level*)一书中找到,该书以肯塔基州为例(见表 7.2)。学分制是高校主要任务领域(教学和学术支持)的基本组成部分,而其他大部分领域则是按照其占核心预算的比重来计算的。而学生服务是工作量统计中的一个主要部分,基于入学人数进行统计,而非学分。

表 7.2　早期州预算方法

项目领域	方法指导	注释
主要任务领域:包括对常规课程和暑期学校授课的支持,以及为保证院校达成其目标所提供的学术支持和资助	按层次和学科划分的学分数乘以单位学分的成本,同时参考同行评估机构的建议,对不同类型的院校可进行相应的教学成本调整	典型的"增量预算法",基础预算占有一定比例;学分数是取三年内学分的平均值,以避免受入学人数变动因素的影响;单位学分成本由同行机构共同决定
肯塔基住宿项目(附:原文为 Kentucky residency program)	员工的工作时数乘以等同于全日制员工的每小时工作量,再乘以员工的平均薪酬,在此基础上需再加上学术支持方面和部门运行方面的开支	与以上方法不同,基于工资的单位回报,并强调师生比例,且学分作为两者的驱动因素直接的成本计算

续　表

项目领域	方法指导	注释
区域健康教育系统	学生在校学习周数乘以每周的成本费用	直接的成本计算
预科教育（补偿教育）	在预算基数的基础上，加上"美国大学考试中成绩低于12分的大一和大二学生总数与单位学生成本的乘积"	固定成本加可变成本计算
图书馆、博物馆和展览馆	预算基数加上"50000以上的学分数与单位学分成本的乘积"（社区大学的情况各有不同）	固定成本加可变成本计算
学生服务	预算基数加上"学籍在册学生数与学生单位成本的乘积"	"基数＋比例"，分类合约资助
实体设施的维护和运行	平方英尺数乘以每平方英尺的费用＋使用的英亩数乘以每英亩的费用＋租赁金额——间接回收成本	基础预算部分占一定比例，并与研究所、研究中心等的分类项目相关联
有组织的研究	百分比乘以受资助或委托的研究项目	基数百分比计算
社区服务	一般基金＋专项基金＋委托项目基金	容量维持的固定基金加分类项目基金
院校支持	除医院外，所有先前存在的机构百分比	基数比例法
奖助学金	学费收入的百分比加上联邦项目所需的州配套资金	

来源：Jones（1984，第98—100页）。

琼斯还提供了其他州（密苏里州、印第安纳州和威斯康星州）的示例，展示了在不同的统计公式中区分固定成本、可变成本和边际成本的各种方法。

多年来，在非教学领域已经开展了许多成本计量和预算合理化的技术实验。有一个有趣的例子，实验的初衷是为实验室动物的护理和托管制定资助标准,这一领域显然与学分制没什么关系。以下引用来自20世纪70年代加州大学校长办公室的一份内部备忘录,它为统计实验室动物托管的工作量提出了一个依据(出于显而易见的原因,该内部备忘录名称被删除,而该提议也并未被采纳)。

全国各院校的动物成本数据研究和海军生物学实验所及癌症研究遗传实验室中群落经济管理的研究表明,实验室小鼠满足作为工作量衡量单位的必备条件,因而小鼠等效单位(MEU)得以建立,并被用于估算任何实验动物物种的笼舍提供和看护所需的空间、成本和人员需求。利用该单位也可以计算出在中央生态实验室中各部门所需的动物补充量。

几种小鼠等效单位如下表所示:

种类	小鼠等效单位
小鼠	1
大鼠	4
仓鼠	3
豚鼠	5
兔子	16
猫	32
狗	50
鸡	10
鸽子	4
小鸟	2

* 只适用于圈养动物。

一个小鼠等量单位需要 0.125 平方英尺的空间和 0.000 416 7 个 FTE 人员,总成本从每天 1 美分到 1.5 美分不等,这取决于物理

第七章

设施的效率、劳动力成本等,以及财政和管理政策。

每 2400 个小鼠等效单位(MEU)需要 1 个 FTE 人员,包括:

FTE 工作人员分类	
动物技术人员和看护人员	0.6
高级动物技术人员	0.12
主要动物技术人员	0.03
周末看护人员	0.1
笼舍清洁及储存人员	0.075
医护人员	0.075

MEU 的单位补充成本包括:

项目	占比
人工	55%~60%
饲料和垫草	20%~25%
笼养和其他补给	12%~20%
维护费用	3%~5%

由于官方调查未对被饲养的动物种类进行统计,工作量和预算估计需以所用的动物空间英尺数作为基数。随着动物普查的稳定,可以将实际饲养的动物种类作为统计基数,进而使得预算统计更加完善。随着时间的推移,各州和院校在预算方面存在不断变化完善的趋势。

Jones(1984)、Lasher 和 Greene(2001)认为,每种预算制度都有一定的优缺点,而正是这些特征推动了新一轮的预算制度改进。事实上,一些改革努力旨在弥补当前的预算方式(增量预算法和公式预算法)的缺陷——国家只是对高校的经费支出承担支付责任,而并未关注预算是否促进了目标的实现,也未设置项目的优先顺序,这使得高校安于现状,缺乏发展动力。

早期的改革之一是一种对公式预算法的变体,被称为规划项目预算法(PPBS)。该预算方法和随后的几代方法都旨在加强高校发展规划同政府政策和预算资金的关系。这些预算方法通常会基于原来的统计公式计算出基本预算,然后根据已成共识的特定计划,对新方案增加资源支持。规划项目预算法在20世纪70年代中后期得以使用,当时高等教育的入学人数增长开始出现停滞,在一些州甚至出现了下降局面。由于这些预算方法的制定初衷是为计划的增长提供新的资金支持,这也导致它们会被逐渐淘汰,而被旧有的增量预算法和公式预算法所取代。一些公共政策分析人士也开始对基于成本的预算法进行批判,认为该方法所采用的基本技术过于专业化,以至于除了预算系统中的内部人士外,其他所有人都无法理解这些技术。阿伦·威尔达夫斯基(Aaron Wildavsky)是最早对公式预算法进行批判的最具权威性的人物之一。在他于1998年所著的经典论文《预算过程中的新政治学》(*The Politics of the Budget Process*)中,他提到公共预算目标的制定过程不是回避争论的过程,而应该鼓励利益相关的成员就政策议题展开争论——相比于技术性的公式,这更符合公共利益。因为在公示预算法的政府决策中,高校无权参与,这导致了资源分配所依据的预算方法引起了更多的争议。根据威尔达夫斯基的说法,规划项目预算法(PPBS)没有规划和项目(PP),只有预算方法(BS,也译作"胡说八道")(援引自威尔达夫斯基在20世纪80年代早期对加州联合立法预算委员会的发言)。

20世纪80年代和90年代初是开支紧缩时期,那些还没有废弃公式预算法的院校和州开始放弃这一预算方式,转而支持基数加减预算。这一变化的原因之一是,许多院校的入学人数增长停滞或趋于下降,因此高校不再追求为工作项目寻求新的预算支持,而只是期望保留基本预算。高校将预算的正当理由(基于技术层面,涵盖注册学生数和学分制的材料)提交给财政部门,但这些正当理由主要用来作为资源的内部分配依据,而不是外部资源分配的依据。

下一代预算改革在20世纪90年代开始实施,当时政府对高等教育资助的性质正在转变,且对公共受托责任制的关注也达到了新的高度。在几乎所有州,当前的政府经费收入和支出之间的结构性预算缺口开始暴露,这些缺口因20世纪90年代初的经济衰退而被进一步扩大(Hovey,2000)。政府对高等教育的资助变成了自由支配项目,这意味着在财政紧缩时期,高校在不成比例地失去政府的经费支持。随着各州减少对高等教育的运营预算支持,最初的公式预算法的制度承诺也就被搁置或放弃。各院校被迫削减预算并提高学费。在整个20世纪90年代中,从州、地方的经费分配到高等教育的经费分配,教育经费和一般性经费所占的比重全面下降,其中:公立研究型大学下降了8%,四年制公立高校下降了11%,社区学院则下降了8%(国家教育统计中心,2002)。而在1990年代末期,在全国范围内,公立高等教育的经费责任分配也发生了根本性的变化,政府的经费支持在四年制高等教育总经费中所占的比例不到一半,而在两年制公立高等教育经费中所占的比例也刚刚过半。随着各州实行财政紧缩政策,各院校经过商谈后,成功地重新制定了预算管理措施,即从原先需说明支出明细的预算申请转变为整体预算申请，而这些整体预算需遵循谈判达成的绩效协议。预算的分配仍然主要依据"基数加减预算法"，但是摒弃了原先在支出细节方面的预算管理假象，以便更好地推行新达成的目标和绩效预算措施。在许多州，伴随着预算方面的变化，政府治理方面也发生了变化，院校在支出方面不必再受政府控制，院校自身拥有了更大的自主权。与此前基于成本的经费支持相比，这意味着一项重要变化，因为大多数州所采用的绩效目标预算法通常都是基于院校的绩效情况，而不是过去的资源使用方式。然而，根据伯克（Burke）和其他学者的研究，根据绩效划拨出去用于分配的资金通常只占州总经费的一小部分（Burke 和 Serban, 1998）。

通过对一些（运用绩效目标预算法的）州的绩效记录依据进行分析，研究发现，很多绩效评估指标的制定仍旧依赖学分制的衍生措施：入学率、获取学位所需的时间、毕业率、预修学分、补修课程或非学分课程的学分数量，以及班级规模等（Ewell[1999]探讨了绩效预算中使用的数据类型，同时也分析了基于不同目标而采取的不同措施的优缺点）。然而，与前几代预算公式不同，这些绩效指标并不是激励性资助的唯一依据。其他的一些指标和质量维度也可以体现学生学习质量，从而运用到实际当中，例如：资格证书考试的通过率、研究生升学人数、毕业生的平均工资、专任教师授课的课程数量以及收入的多样化等。

Ewell(1999)等人评论说，绩效预算法是现有的高等教育公式预算法的延伸。基本预算不断发展，而由入学人数增长和生活成本相关因素所引起的工作量上升也得到了更多的经费支持，此后政府也会基于高校的过往绩效划拨奖励性的经费。在预算增长时期，这些新的经费支持可以成为影响院校绩效的重要杠杆。然而，在财政紧缩时期,政府则会优先考虑保持基本的预算经费和正常的通货膨胀水平,而非绩效奖励经费。在当前环境下,重点已经从为获取新资源提供证明,转向为保持现有基础而展开的竞争。这意味着维持现状比为获取新资源而实行的院校变革更重要。在当前背景下,预算改革的重点不再是要求高校为争取新的资源而提供证明,已转变为旨在增强高校在现有水平上的竞争力。这意味着,通过新资源的支持以推动高校变革的奖励措施,不及那些旨在保持高校现状的措施有力。

学分制在公共预算方面的利弊

作为预算制度发展中的一种方式,学分制具有许多优势。不同于许多衡量绩效和记录学习结果的新方法,用于记录的数据系统是成熟且可信的。学分制得到了广泛的认可,且用学分制来记录活动和将单位成本标准化的做法也被广泛接受。学分制在所有高校中都得到了运用(甚至是那些以院校特有的方法来衡量课程的院校也可以将这些课程转换成学分),因此它可以将衡量指标标准化,并在公平合理的基础上对院校进行比较。

在某些情况下,相比其他预算方法,基于学分制的预算系统会取得更好的成效。在高校入学人数增长的时期,该预算系统倾向于为老牌院校分配教学资源,而不是新兴院校。然而,当入学人数增长停滞或下降时,基于学分制的预算系统会为院校间的竞争创造激励机制,而不是促进院校合作,因为这些激励机制通常是为了促进高校人数的增长。由于FTE指标的局限性,将学分作为FTE的基本要素会产生各种各样的问题。FTE这一指标假定一个与"全日制等效"的学生标准,而用于生成基本预算的统计方法仅考虑全日制的标准,而不对非全日制标准予以反馈。在20世纪70年代,基本预算方法得以建立,那时全时当量标准可能会较为适用。但随着高等教育出现的"乌比冈湖效应"(就读的大多数学生是"非传统"的),预算方法日益出现了问题,显然是对"偏向全日制的经费支持"的预算管理方法的质疑(Choy, 2002)。

作为教学工作量的一种转换标准,学分制具有较高的表面效度。但作为行政支持活动、学术支持活动或学生服务活动的一种衡量标准时,其可信度较低。这是因为在所有高等教育中,教学支出在总支出中的占比还不到一半(在全国范围内,研究型大学的教学经费占比约35%,综合性大学的教学经费占比约为40%,社区学院的教学经费占比约为43%),这意味着大部分"基本"预算主要是根据学分来确定,而非其他绩效标准。而对于管理和服务领域,有一个无法回避的基本事实:"小鼠等效单元"这个略显荒谬的示例暴露出教学领域之外的工作量衡量指标的局限性。

从本质上讲,对于学分课程的教学活动,尤其是那些有常规教学计划的讲授课程来说,学分制是最好的衡量方式。而在衡量无学分课程或不同类型的"非常规"课程时——无论是在研究生研讨会、学位论文指导、补偿教育,还是社区教育中,学分制的可靠性较低。有鉴于此,相比于研究型大学或社区学院,学分制对于综合型院校来说是一种较好的公共预算手段。当把社区学院和综合型院校的历史性资助差异,同相应阶段的政府治理结构结合来看时,就会发现,对于社区学院而言,这些资助差异属于对其自身发展的一种体制性不公。

- 社区大学的教学课程包括非学分课程和学分课程。前者包括补偿教育、社区教育和针对成人教育的职业课程。许多州的资助系统不为非学分教学活动提供资助。即使对其提供资助,也会区别于学分课程,从单位成本层面进行经费支持。

- 平均成本资助系统更适合拥有大量课程和学生的院校,因为它们可以产生内部的交叉补贴,从而将经费从低成本课程转移到高成本课程。而在四年制院校的经费分配中,则可以通过将人文社科等低成本学科的经费拨至实验科学和表演艺术等学科,也可以将低年级课程的经费再次分配至研究生课程。但社区大学却没有那么多施展空间,基于内部交叉补贴的形式,实现低成本课程经费向高成本课程的经费转移。

- 学分制的基本概念对课外时间和课内时间进行了界定,因此相比于职业课程而言,学分制更适用于学术课程(见第一章和第五章)。通常来说,职业课程更多地依赖课堂面授的形式开展,而许多学术课程活动则在课外进行。因此,相较其他类型的课程,职业课程的成本也更高。社区学院一般通过聘用兼职教师或辅导教师来减低教师成本,进而为培训课程提供经费支持。

- 在许多州,社区学院的内部治理结构是由其最初隶属的基础教育系统结构发展而来的。这意味着社区学院的教师在学术政策方面具有的权威不如四年制院校的教师那样明显。而教师作用弱化的后果之一就是,与四年制院校相比,社区大学可能会受到更高程度的外部监管。第二章的调查结果明确表明,公立两年制院校通常更倾向于根据上课时间来调节学分授予(见第二章)。这可能是因为许多社区学院的管理和资助制度都是从基础教育系统发展而来的,并且这些学校还实施了积极的、基于时间的工作量记录办法。尽管大多数地区对社区学院的资助、管理制度的审查作用已弱化,但社区学院依然继续实行此类制度。而在四年制院校中,由于对课堂学分的分配依据没有常规性的校内或校外机构的审查,因此学分授予依据体现更强的院校自主性。

- 对社区大学来说,衡量学习时间的责任和绩效标准是一种较为不利的标准。这是因为社区大学的很多学生都是非全日制的,且很多学生都需要接受补习教育。

教学和科研的共同成果具有复杂性,且院系研究和教学难以明确划分界限,这共同引发了研究型大学的经费资助问题。研究型大学的许多活动都无法轻易转换成学分指标。然而,研究型大学(不像社区学院或综合型大学)在对教学活动的学分分配规则进行自定义时,通常拥有更多的自主权。为了解决研究生教育的高成本问题,历史上,研究型大学对本科高年级教育和研究生教育中的学分分配以不同的权重,以便将院系研究和本科低年级的教学量都纳入到教学成本中。他们还制定了课外工作学分分配标准,比起综合型大学或社区大学的标准,这些标准接受度更高。在大多数院校中,尽管处于论文写作阶段的博士生不再定期上课,但他们仍被视为全日制学生(被授予12学分)。

学分制下的预算制度存在的最大不足与院校内设立的激励制度有关。教师和管理人员认识到(或者说相信他们知道),他们从政府那里获取学分的相关资源,但并未考虑学生的学习成果、课程顺序、学习完整性,甚至也常常不考虑教学的单位成本。这意味着所有的激励措施只是为了保持学校入学人数的增长,或者是在学生人数没有增长的情况下,进而产生更多的学分需求。由于所有的学分都会同等"计入"资助,所以对于院校来说,激励措施并不能使之把精力倾注在课程体系的建设上,院校不愿去减少那些低入学率的课程,也不愿意把注意力放在那些不产生学分的教学活动上来。但对于学生来说,这些类型的教学活动可能与基于学分的课程活动同等重要,甚至更为重要,尤其是那些在大多是非全日制走读生的高校环境中学习的学生。就学分制本身来说,其并不是上述资助问题的成因,鉴于学分制对资源分配所产生的消极作用,院校往往以增加教学学分的方式来解决问题,而非审视现有的教学模块。

绩效预算法的出现,在很大程度上就是为了解决院校内部激励结构的问题。然而,由于绩效指标通常没有资金支持,或者只能获取一小部分的资源支持,因此原先的预算模式并没有被改变。

公共政策问题

作为公共预算的主要工具,学分制对公共政策来说是障碍吗?答案可能既是肯定的,也是否定的。作为公认的活动衡量标准,学分制发挥了很好的作用。目前对于教学或其他活动来说,并没有其他能被广泛认同的工作量衡量指标。学分制还经常运用于常规性的评估和审查中,满足了透明度和可比性等方面的要求。学分制本身并不决定与工作单元有关的资助水平,因为资助水平是基于前一年的资金使用情况、院校任务、州政府资助能力和政治协商来确定的。但资助水平一旦确立，学分制下的预算方法就会将现有的资源分配模式延续下去。

学分制本身并不是一个完美的衡量高等教育多方面资源需求的制度工具，因为高等教育的任务较为多样化，例如，社区学院承担了部分的教学任务、研究型大学中的院系承担着科研和研究生教育任务，以及所有的高校也承担着非教学的任务。因此，高等教育的资源需求也具有多样性。公立四年制院校所践行的学分制预算方法并没有得到外部的验证，因此利用该制度对工作进行学分分配时，可能有失可比性和公平性。此外，该制度鼓励追求学分的持续增长，却不考虑学习成果、学位获取或教育效率等方面的内容。因此在院校内部，该制度对于课程的整合、院系合作或新的学习评估工具的开发并不具激励作用，因为高校无需做上述的任何一类事情，即能获得同等水平的资源支持。虽然新的预算系统已对学分制预算系统有所超越，克服了部分问题，但资助的不公平性已根深蒂固。本章一开始就提到了，从某种层面来看，学分制与高等教育的政府资助这一较大话题的关系并不紧密。收支模式会影响州整体支出，进而导致结构性缺口的出现，即影响政府资助的自由分配。但这些问题不是由学分制引起的，也不能期待通过改变学分制来解决预算问题。与此同时，当下政府资助的持续不足，正促使人们重新审视高等教育的资源分配方式，并对历史上针对不同高等教育部门间的资助模式提出相关质疑。基础资源的公平分配正日益成为关键的政府政策议题。而州政策制定者和教育工作者则刚刚着手解决州资助同研究型大学、综合型大学和社区大学学费收入之间的关系这一核心问题。

这也将使得学分制在州收入基础中的首要决定作用愈加突出。

总之,我们试图在本章中回答两个关于学分制和预算的问题:1.学分制的应用是否已成为院校内部教学及学术创新的障碍? 2.学分制在公共预算中的应用是否造成了院校或部门间资源分配的结构性不平等? 对于以上两个问题,我们的答案都是肯定的。

参考文献

Bowen, H. R. *The Costs of Higher Education: How Much Do Colleges and Universities Spend Per Student and How Much Should They Spend?* San Francisco: Jossey-Bass, 1980.

Burke, J., and Serban, A. M. (eds.). *Performance Funding for Public Higher Education: Fad or Trend? New Directions for Higher Education*, no. 97. San Francisco: Jossey-Bass, 1998.

Choy, S. "Characteristics of Postsecondary Undergraduates." In *The Condition of Education* 2002. National Center for Education Statistics. [http://nces.ed gov/pubs2002/2002025.pdf). 2002.

Douglass, J. A. "A Tale of Two Universities of California: A Tour of Strategic Issues Past and Prospective." *Chronicle of the University of California*, Fall 2000, pp. 93 – 118.

Ewell, P. T. "Linking Performance Measures to Resource Allocation: Exploring Unmapped Terrain." *Quality in Higher Education*, 1999, 5(3), pp. 191 – 210.

Hovey, H. *State Funding for Higher Education: The Battle to Maintain Current Support*. San Jose, Calif.: National Center for Public Policy and Higher Education, 2000.

Jenny, H H *Cost Accounting in Higher Education*. Washington, D. C.: National Association of College and University Business Officers, 1996.

Jones, D. *Higher-Education Budgeting at the State Level: Concepts and Principles*. Boulder, Colo.: National Center for Higher Education

Management Systems, 1984.

Lasher, W. F. , and Greene, D. L. "College and University Budgeting: What Do We Know? What Do We Need to Know?" In M. B. Paulsen and J. C. Smart (eds.), *The Finance of Higher Education.* New York: Agathon Press, 2001.

National Center for Education Statistics. *Study of College Costs and Prices, 1988 – 89 to 1997 – 98.* Washington, D. C. : U. S. Department of Education. Office of Educational Research and Improvement, 2002.

U. S. Department of Education. *Instructions for the Integrated Postsecondary Education Data Surveys.* Washington, D. C. : U. S. Government Printing Office, 2002.

Wildavsky, A. *The Politics of the Budget Process.* (4th ed.) Glenview, Il: Scott, Foresman, 1998.

第八章

一些未在高等教育领域中使用学分制的发达国家,对学分制或与之相似的制度日益感兴趣,以期促进高校课程国际化、引进更多的选修课程以及增加学生流动的选择。

学分制:国际化探索

汤姆生·R.沃赖宁

本章探讨的内容是,在美国以外的其他国家中,其高等教育领域是否实施了学分制以及怎样运用学分制,并试图探索出这些国家的学分制实施是否会对美国高等教育提供经验启发。研究的焦点在于学分制在测量学生进步状况和学业成就方面的作用,同时也会对学分制在预算和其他方面的作用略加探讨。本章重点分析欧洲国家的学分制实施方式,而不是将美国的学分制同世界上所有其他国家的学分制进行一个系统全面的比较研究。因为美国高等教育的根源可以追溯全欧洲的高等教育,且二者在高等教育的规模、水平以及复杂性等方面具有可比性。此外,本章也会对澳大利亚和日本的学分制实践进行较为简要的探讨。

美国的学分制：简要概述

作为国际比较的出发点，本部分首先对美国高等教育中的学分制应用进行简要概述。在美国高等教育中，尤其是本科层次，基于时间和成绩的学分制是衡量学生的学业进步和学业成就的一种方式。一直以来，学分制按照如下方法实施：在校历规定期间（例如，一个学期的每周），学生每周上课 1 小时，即被授予 1 学分。课内学习通常会伴随着一段时间的课外学习，一般而言，1 小时的课内学习需要有 2 小时的课外学习辅之，或者，学生在每学期的学习中，每周需保证有 3 小时的学习时间，即可获得 1 学分。全日制学习通常要求学生每周需达到 12 学分或 36 小时的学习时长（12 小时的课内学习加上 24 小时的课外学习），这与美国的全职工作标准（40 小时/周）相近。此外，学生只有达到课业成绩的要求（令人满意的考试、论文、实验以及实习表现），才能获得学分。

学术资历（学历、证书等）的获得通常基于一定数量的学分积累和规定分配的课程（核心课程、主修课程、辅修课程、讲座课程、实验课程、实习课程）学分。在某些情况下，院校会有额外的资格要求，例如寄宿和时间限制（学生在某一特定地方积累学分或在一定的时间期限内获取学分）。

学分制的运用使学生可以有选择地制定学习计划，他们可以根据自身兴趣从多样化的课程中"量身制定"课程方案，只要所修课程满足学分总数要求，同时学分的课程分布满足学校规定的毕业课程要求。学分制下，由于学生可以在同一所院校中改变所学课程或主修专业,且不用重新学习专业课程中重叠的部分,因而学生可以更高效、灵活地学习。例如,如果一门3学分的微积分课程同时满足工程专业和经济专业的学位要求,那么对于想要从工程专业转入经济专业的学生来说,曾经所修的微积分课程同样有效,无需重新再修该课程。同样地,学生也可以在院校间流动,只要院校认为彼此的课程具有等效性。通常来说,这种等效性是以单位课程或单位学分为标准进行评估的。

除了测评学生的学业进步和学业成就以外,出于制定预算和院校报告的目的,学分制还用于衡量院校和教师的工作量和产出。

学分制在欧洲国家的应用

在欧洲有40个以上的国家有高等教育机构[1],但它们在学分制的实践上有很大的不同。在一些国家,特别是北欧国家中,课程计划的制定是以学分为依据的,且与美国高等教育中的学分十分相似。例如,在芬兰,学位课程时长以学分的形式规定。40小时的课程学习相当于1学分:包括讲授课或其他教学形式,训

---

[1] 有人会认为拥有高等教育机构的欧洲国家的数量是确定的。然而很多事情乍看之下很简单,但实际却并非如此。要想精准地探明数量,我们需要考虑很多问题,例如,冰岛和土耳其算是欧洲国家吗?该怎样将前南斯拉夫共和国的成员国归类呢?苏格兰、威尔士和北爱尔兰的高等教育制度应该独立于英国的高等教育制度单独分析吗?怎样看待生来就有不同种族和语言群体的比利时和瑞士的高等教育?应该怎样分析塞浦路斯、梵蒂冈、安道尔、摩纳哥、圣马利诺和列支敦士登等国?高等教育机构应该由什么来组成?对于这些问题将不予过多回答,我们就暂且认为欧洲有"超过40个"拥有高等教育机构的国家。

练活动、研讨会、在家或图书馆进行的独立性研究,等等。要想获取(学士)学位一般来说需要 120 学分(欧盟委员会 European Commission,1998;教育部 Ministry of Education,2000)。

瑞典的学分制度规定(poang),在每学期的课程中,1 个教学周需达到 40 个课程学时,要获得学士学位需要达到 120 至 140 学分(European Commission,1998)。挪威、荷兰和冰岛的学分系统是相似的,挪威的学分(vekttall)记录着学生每学期的学习量,荷兰学分(studiepunten)与冰岛学分(namseiningar)也与此类似(European Commission,1998)。然而,在冰岛,因为学年的大多数时间在黑暗中流逝,所以冰岛所规定的全日制学习要求每个教学周的课程时长为 50 个小时,不同于其他国家通常规定的 40 个小时。

法国的大学也用学分(unite de valeur)来作为依据,判断学生是否圆满完成了一学期(或一学年)的必修课程或选修课程。而在英国,很多高等教育机构将其课程"模块化"。

其他国家,像德国和葡萄牙,近几年来才开始以学分制的标准来制定课程体系和与课程相关的学位要求。最后,像意大利、西班牙、东欧前共产主义国家和巴尔干半岛的国家大多数还是保留传统的教学管理制度。

在欧洲传统的大学制度下,学生获得学士学位的时间(5 或 6 年)长于美国对学士学位的时间要求(3 或 4 年)。学生在课程选择上的自由空间很小,而且学术进步是以考试成绩来衡量的,即一系列的考试通常是评价学生学期任务情况的唯一标准,这与美国个别课程中的期末考试十分相似。具体来说,考试可以反映学生 1 学年的学习成果,或者半数学位课程(相当于 2 或 3 年)的成果。在学位课程即将完成之时,可能还有一个最终的综合性考试来判定学生能否取得学位。通常,被美国定义为讲授类课程的这类课程,在英国仅是考试前的准备手段,而非用来判定学生的学业进步情况。每名学生都有一个包含上课、接受辅导以及独立学习的课程计划,且一般以规定的考试作为课程计划的结束。但是其中最为关键的是学生在考试中的表现,而不是学生学术活动中的过程性表现。学生若想获得学位,通常需要完成相应的研究工作或项目(如意大利的"Laurea testi"或德国的"Diplomarbeit")。

如果从地域的角度来看学分制的使用情况,欧洲西北部似乎对学分的使用最多,特别是斯堪的纳维亚地区,越往南部,向地中海靠近,对学分制的使用就会越少。东欧以前的共产主义国家和巴尔干半岛国家的高等教育管理制度在欧洲是最为传统的,故而学分制的使用也最少。

> 欧洲的高等教育机构绝大多数都是公立的,非公立机构或者私立机构(即使存在的话)所占比例非常小。通常情况下,高等教育的管理大多由国家政府掌控,因此,高校中所实施的学分制通常也是依据国家高等教育改革法的规定。实际上,20世纪90年代上半叶,在芬兰、瑞典、挪威、荷兰以及法国等国家的高等教育领域中,学分制的实施也是国家立法规定的一个方面(欧盟委员会 European Commission,1998)。

日益增多的学分制的使用,是欧洲国家高等教育制度变革的基本方向。然而相对来说,这种变革仍处于起步阶段,即使在那些已极力推动学分制实施的国家也无例外。很多实行传统教育管理制度的国家（例如丹麦）与长期实行学分制度的国家（如瑞典）相邻。因此，在一些使用学分制度的国家中依然会受到传统制度的影响。这样的制度并存关系，使得传统制度在向学分制过渡过程中的得失更加凸显。

在欧洲传统的教育机构中，课程计划主要是由学院教师制定的，学生几乎没有课程选择的自由空间。只有学生完成学院的课程计划，才能被授予教育证书。学分制的使用反映了课程的市场导向或者以学生为顾客的导向。它便于学生在各种课程中进行选择，其中许多课程都是可互换的，以满足不同的课程分配要求。当学生完成了自己的课程计划时，就会获得教育证书。当然，学生的课程计划必须要与学院的学位要求相符，然而通常来说这些要求很宽泛且限制较为宽松，并且最重要的是课程计划可以不断地根据学生的选择和偏好所提供的市场信号而不断调整。总而言之，学分制可以说是见证并促进了广受诟病的缺乏条理的美国高等教育课程体系，尤其是本科教育层次发展。例如，一位学者说过："学分制带来的便利在于，它作为一种统一的标准，带来了更好的且难以取代的知识与课程的连贯性"（Shoenberg, 2001；亦见 Freeland, 2001；Kuh, 2001）。

学分制与传统教育制度的并存也表明了教育哲学的发展。在传统制度中，单一的考试具有高利害性（用美国术语来说），而学分制则是以更细化的方式对学生的学业情况进行多次评估。例如，在学分制下，学校对学生在某一学期的三四门课程学习情况进行评估，而非对所有学期或一整学年的表现进行评估。事实上，学分制的实质在于，学分课程通常对学生有多次评估，这些评估最终会累计为一个最终的课程成绩，进而决定学生是否应该得到学分。因此,学生可以得到更为及时的学业反馈,从而在前进过程中能够不断地修正与改善。此外,评估学生的方式较为多样且有时是持续性的,例如,通过课堂出勤情况、课堂口述情况、定期测试、论文、研究报告以及实验成果等,来评价学生的学业成就。上述这些方法倾向关注对学生能力和学习方式的多样性评价。总而言之,学分制是更有效的教育评估体系中不可或缺的组成部分。学分制的实施,使得评估不再只是单一的高利害性考试,而是通过更为频繁的评估,进而为学生提供更多的过程性反馈,且更为关注学生学习方式的多样性。

最后,学分制的实施,使得接受高等教育的学生具有极高的灵活性。学生可以轻易地在同一院校或不同院校间进行学科或专业的转换,使之更好地适应学生的家庭、工作以及经济情况。对于那些多样性的"非传统学生"来说,学分制下的高等教育更具包容性。阿德尔曼(Adelman, 1999)贴切地将学分制下的高等教育学习喻为"组合式的建筑"。相比而言,在欧洲传统教育制度下的学生,更像是前行于仅有唯一出口的隧道中的游客。游客若想要改变目的地,则需要重新踏入一个新的旅程,而非仅做中途的修正。在传统制度下,缜密合理的教育规划不能充分发挥作用,而学分制则对学生的个人偏好以及面临抉择时表现出的不确定性表现出了包容的态度。实质上,课程设计的一致性与课程选择的灵活性犹如硬币的正反两面。欧洲国家的学分制使用趋势可以被视为政治、社会制度逐步民主化的体现。受 1968 年学生"反抗运动"(史称"五月风暴")的影响,欧洲的大学逐渐摒弃专制主义的管理理念,开始秉持"顾客服务"的理念,关注学生的兴趣与需求以及商业界、政府和社会中普遍关注的其他标准。与此同时,美国高等教育领域的民主化趋势愈加推进,具有少数种族背景的学生、女性、残障人士和大龄"非传统"的学生不断被高等教育所吸纳。"二战"后伴随着高等教育的大规模化发展,美国的高等教育面向所有经济背景的学生开放,因此上述的这些学生群体与日俱增地进入了高等教育领域。25年后,欧洲高等教育招生规模也大幅增加,录取了更多的中学毕业生,近年来也招收了一些来自社会边缘化群体(如少数民族或种族)的学生。

欧洲与美国在高等教育中存在的最大区别在于,在以下方面——院校内的专业转换、国内院校间的流动、阶段性或全程的国外留学,学生存在不同的行为倾向。

相比欧洲的大学生而言,美国的大学生很少会一直学习最开始所学的专业。美国的教育管理制度存在很大的差异,在本科阶段的前两年,学生对所学专业通常只是表明相应的兴趣或意向,到第三年,学生即有大量的机会转换专业,或确定主修专业。欧洲的学生通常在高等教育初始阶段就确定了特定的专业或院系,而美国高校在录取学生时,会为学生提供多样性的专业和院系选择。相比美国学生来说,欧洲学生转换专业的现象较为少见,且转换难度更高。一位英国学者称只有大约20%的英国本科生在本科学习阶段改换专业(利兹·托马斯 Liz Thomas,斯塔福德郡立大学,高级研究员和访问研究所所长,口语交际,2001年10月29日)。与之类似,德国一项关于学生生活的研究表明,有五分之一的学生会更换所学学科或所修学位(Schnitzer, Isserstedt, Mussig-Trapp, and Schreiber, 1999)。我们无法统计出美国学生在此方面的数据比例,因为他们进入高等教育很长一段时间后才会做最终的决定。然而,如果我们试想一下这个比例,根据美国学生频繁转换专业这一普遍现象,特别是把一些学生的多样性选择分别计入其中的话,这个比例可能会达到或者超过100%。

与欧洲学生相比,美国学生一直在同一高等教育机构中学习的情况较少。据估计,英国和德国本科生改换高等教育机构的比例分别为3%和不到10%(Liz Thomas, oral communication, 2001; Schnitzer, Isserstedt, Mussig-Trapp, and Schreiber, 1999)。然而在美国,有60%或超过60%的本科生有在不止一个高等教育机构中学习的经历(Adelman, 1999)。

"先有鸡还是先有蛋"这一经典问题的视角,有助于解读美国和欧洲学分制的相对普遍性问题。与美国学生相比,欧洲学生更换专业或院校的比例较低,这是因为欧洲很少有灵活的学分制系统来支持学生进行专业或院系转换。或者也可以说,欧洲的学分制不如美国学分制普遍的原因在于,欧洲的学生对专业或院系转换的兴致不高。我们只能认为,为了满足学生的流动需求,一种相对稳定的机制(包括学分制)已得以建立,进而使学生在国内高校或院校内部流动成为可能。

通过比较美国学生和欧洲学生的相对出国留学率,我们发现,那些先前喜欢在专业或院校间"漂泊"的美国学生在更换专业或院校后变得趋于追求稳定。而欧洲(德国、法国以及芬兰等国除外)学生的出国留学率则较高。一份近期的研究表明有接近3%的美国学生在本科阶段有过出国留学的经历,而欧洲学生在本科阶段出国留学的比例则要接近8%(Hayward, 2000)。超过41%的德国高年级本科生称他们要么已经完成了留学,要么正打算留学(Schnitzer, Isserstedt, Mussig-Trapp, and Schreiber, 1999)。当然,关于出国留学的原因说法不一。然而,关键的一点是明确的——与美国学生对比,欧洲学生更倾向于出国留学。另外,由于欧洲在制度安排上,旨在鼓励学生在欧洲国家内流动,因此大多数欧洲学生会选择去欧洲的其他国家留学,这也进一步推动该制度的实施。与美国的学生流动(国内院校间流动或单一院校内部的流动)相比,欧洲学生似乎对国外留学更感兴趣。我们现在来分析一下欧洲的制度设计是怎样促进学生在欧洲国家内流动的,以及学分制在其中发挥的作用。

欧洲学分制的跨国使用

在欧洲,欧盟一直以来是促进学生流动的主要政府性机构。欧盟于1951年成立,旨在促进经济发展,最初包含6个成员国,现今无论是成员数量还是作用范围均得以扩大。现在它包括15个国家——比利时、法国、德国、意大利、卢森堡和荷兰(1951);丹麦、爱尔兰和英国(1973);希腊(1981);西班牙和葡萄牙(1986);奥地利、芬兰和瑞典(1995)。通过鼓励成员国间的合作来致力于推动优质教育发展,这是欧盟其中的一项作用(《阿姆斯特丹条约》第149条,1997)。欧盟对其在高等教育中的角色有着如下描述:"通识教育、(尤其是)高等教育,不是'欧洲共同政策'的主要关注话题:教育内容的制定和学习组织的设定由欧洲各国所定。"(欧盟委员会 European Commission, n. d.)换句话说,欧盟并不对高等教育领域进行治理,而是通过一系列鼓励和激励措施推动"欧洲知识社会"目标的实现。因此,欧洲高等教育中的合作性活动是各国自愿参与的。跨越国家界限,促进学生流动一直以来都是欧盟在高等教育中最重要并长期存在的一项事宜。

1984年,国家学术认证信息中心(NARIC)的网络建成之时,这项事宜就被写进规章制度中,"目标在于通过提供关于学位学术认证和学习期限的权威建议和信息来推动学生的流动……"(European Commission,"NARIC,"n. d.)这些学术认证信息中心通常是由国家教育部指定的机构(欧洲理事会和联合国教科文组织已建立了一个平行和类似的网络机构,欧洲国家学术认证和学生流动信息中心网络[ENIC]. http://www.enic-naric.net.)。

于1987年颁布的欧盟高校学生流动政策("伊拉斯莫斯计划"ERASMUS)是欧盟的一项重要的方案,该方案是为了解决在国外(本国以外的欧洲其他国家)留学的学生难以得到本国高校学术认可的难题。欧盟高校学生流动政策的制定总部在布鲁塞尔,并获得了欧盟的适当财物资助。它最初是欧洲高等教育机构间的合作网络,经过扩展,现在它涵盖了来自30个国家在内的众多学术机构(除了之前提到的15个欧盟国家以外,它还包括3个欧洲经济区的国家——冰岛、列支敦士登和挪威——以及12个"联系国":匈牙利、捷克共和国、波兰、罗马尼亚、斯洛伐克共和国、保加利亚、爱沙尼亚、拉脱维亚、立陶宛、斯洛文尼亚、马耳他和塞浦路斯)。国家学术认证信息中心网络协助学生完成跨国性的高等教育,而欧盟高校学生流动政策是一个双边和多边协定的政策网络,基于该方案的相关规定,高校间可以相互认可学生的"等量的学术工作"。在这些政策项目下,高校合作伙伴的数量从2到30不等,且现在已涉及了30个国家在内的4 000所高等教育机构。这些高校合作协议,通常是在各高校就课程进行逐门仔细谈判的基础上达成的。

欧盟每年会在欧盟高校学生流动政策上划拨约1.5亿美元

的预算费用,额外的费用则由欧洲各国政府、高等教育机构和其他机构提供。约80%的欧盟经费用来资助那些申请为期约3—12个月的出国学习项目的学生。这些为学生"量身而定"的资助帮助学生降低了留学的"流动成本",比如说旅游费用、语言学习费用以及多样的生活费用。学生只有提前获得出国留学的全部学术认证,才能获得国家政策上的这些资助。至少在原则上,此项目下各国派遣的出国留学生总数应与收录的国外留学生总数相等。1995年,欧盟开始实施《苏格拉底计划》(SOCRATES),这是对欧盟高校学生流动政策的一项重要变革。《苏格拉底计划》是欧盟所有阶段教育交流与合作活动的行政保护伞,包括语言学习和教学人员流动项目、职业培训项目、在私有企业带薪实习项目等,其中的很多项目是欧盟高校学生流动政策中所鼓励或提到的内容。

1995年的欧盟高校学生流动政策规定,学生流动计划的重点从独立院系和部门之间的协议变为院校机构之间的协议,除了涉及部门和院系的领导之外,更加强调高校校长的作用。因此,主要的协议成员已从最初的学生个体(通过国家学术认证信息中心认证),发展至部门院系(依据欧盟高校学生流动政策),再到现在的大学机构(依据《苏格拉底计划》中的高校学生流动计划)。此外,欧盟的高校学生流动项目现在由欧盟的教育培训人员所管理,他们与院系成员不同,首要责任是协调项目的运行。

欧盟高校学生流动政策在外界看来十分成功,发展迅速,并广受欢迎。申请的留学人数总是超过政策项目可容纳的资助学生数。目前,每年约有10万名学生参与该项目,且自此项目成立以来已有超过75万人参加,有资格参与该项目的学生数则为1000万。在该项目中,每年会有三分之二的学生获得留学资格,余下的三分之一学生则会被安排到其他的独立项目中(Jallade, Gordon, and Lebeau, 1994–1995; Bollag, 1993, 1994, 1995a, 1995b; Desruisseaux, 1994)。

显然,如何对学生的学业成就进行评估比较,以便安排其留学事宜,是欧盟高校学生流动项目有效运行的关键。院系成员就每门课程或每项学术活动的相对价值进行商议,是对高校机构进行比较的最初方法。随着欧盟高校学生流动项目规模和涵盖范围的扩大——包括30个国家在内的众多高等教育机构和学生——一个通用的衡量标准有待确立。作为欧盟高校学生流动方案中为期6年的试行方案,欧洲学分转换系统(ECTS)于1992年开始启用。它涉及145所高等教育机构,并集中于5个领域:工商管理、化学、历史、机械工程和医药学。如今,欧洲学分转换系统不断地发展,超越了原来的适应方案,涵盖了更多的院校机构和领域。目前,已有约1000所高等教育机构参与到欧洲学分转换系统。

"欧洲学分转换系统中的学分"是一个通用的度量标准。该学分与美国的学分有两个相同特征。其一,它是学术任务所用时间的度量标准。其二,学生需"通过"学术评估才能获得学分。接下来将引用相关文献来进行详尽阐述。

欧洲学分转换系统的学分是分配给课程单元的一个数值,以此来描述学生需要完成的任务量。学分反映了高校的学年任务总量中每门课程(诸如讲授课,实践课,研讨课,以及学生在实验室、图书馆或家中学习的独立课程,外加考试等其他的评价性活动)的任务量。在欧洲学分转换系统中,60学分代表一年的学习总量(就任务量而言)……学生通过实习和论文写作也可以获得学分。欧洲学分转换系统为课程分配相应的学分,并将学分授予那些成功完成课程(通过考试或其他评估方式)的学生(欧盟委员会European Commission,1998)。

因此,举例来说,如果一名学生在国外大学(参与了欧盟高校学生流动项目和欧洲学分转换系统项目的大学)学习了3个月,并且通过了占据所留学高校的1学年学术任务总量20%的课程,那么该学生在其本国即可获得12学分(0.2×60=12)。

当1小时的学术任务量被规定为1学分时,在欧洲学分转换系统下的学分与学时的相似度则更为明显。学分转换系统指南提供了以下例子:某一高校所开设的5学分的课程可能涵盖24小时的讲授课、6小时的辅导课以及60小时的独立学习。而另一个高校所开设的同样5学分的课程,可能涵盖24小时的讲授课、36小时的辅导课以及30小时的个人学习(European Commission,1998)。5学分就相当于90小时的学术任务时间量(24+6+60=90或24+36+30=90)。如果继续这个运算,我们会得到,1学分相当于18个小时的学术工作时间量(90÷5=18),1学年(60个ECTS学分)的学术工作时间总量则为1 080小时(60×18=1 080)。最后,如果我们假设1学年由30周组成的话,那么每周就会有36个小时的学术工作时间量(1 080÷30=36)。这与上述通用的学分统计方法中所规定的全日制的学术工作时间量是相同的,也与前文提到的欧洲个别国家学分制度下推测的时间量相似。值得注意的是,欧洲学分转换系统中的学分可以被描述为"面授课时"(课堂时间)和非面授课时(非课堂时间)的结合。最后,在第一个例子里,面授课时与非面授课时的1∶2的比率也与美国通用的学分模式相同。

在欧洲学分转换系统这一制度下,高校可以制定学位证书的授予要求,这些要求包括学分的类型(入门或高级),获得学分的专业、获得学分的课程连贯性以及按领域(主修、辅修或选修)划分的学分集合。

1999年,欧盟成立了一个研究小组,旨在推动欧洲学分转换系统向欧洲学分制(简称ECTS)的发展,将欧洲学分转换系统的原则和做法推广到所有的高等教育项目中,而不再只是涵盖欧盟高校学生流动项目。对于学生流动项目,一些欧洲学分制度的热衷者与倡导者列举了该制度的基本优势和好处。欧洲国家更多的是关注学分制使用的积极意义,在它们看来,学分制有着崭新而光明的未来。相反,一些美国人则更为强调学分制的负面作用,将其喻为"一双沉重而迟钝的过去的手"。在欧洲人看来,欧洲的学分制度优势如下:

a. 它提高了透明度,使得人们可以更加容易地理解和比较不同的教育制度。
b. 它提升、改善了对学术和专业资格的认证过程,从而提高了整个欧洲的就业能力。
c. 它提供必要的灵活性,使得(欧洲)公民有各种各样的学习机会。学分制为不同类型和形式的教育提供了连接的桥梁,也为终身学习的发展提供了多个重要的准入和准出机会。
d. 它促进了区域间、国内及国际流动,进而极大地拓宽了学生的学习选择机会，且欧洲学分制为出国留学提供了全面认证的可能(学分转换)。

e. 它还有助于对所有学术资格的认证，从而使其更加灵活方便。该制度的主要优点是它涵盖了所有学生的学分转换和学分累积，而非只是涵盖参与流动项目的学生。

f. 它促进了欧洲各高等教育机构间的合作，例如联合课程的发展等(European Commission, "Extension," n.d.)。

总之，欧洲学分制度的倡导者认为，"采取这一制度的好处显而易见。大多数欧洲国家都在某种程度上使用了学分制，世界上的其他国家也在经历着相似的'学分革命'。如果不实行基于学分的制度，那么其他形式的资格认证制度将很难为人所理解"(European Commission, Extension)。支持者认为，欧洲学分制可以取代现有的制度体系，或者作为国家学分制度的一种方法，使之更易理解，并具有多种作用。这将会在主张国家和机构自治的体制下发生。"致欧盟委员会的报告：欧洲学分转换系统的扩展可行性项目"(2000)建议设立一系列旨在提升能力、提供机会的试点项目，而这些项目更多是基于学分制的标准。然而，很多欧洲国家和高等教育机构显然还没有准备好突破"学分革命"的障碍，这是因为他们不仅对国家和高等教育机构自治可能出现的威胁表示担忧，也对可能存在削弱课程连贯性风险的高等教育持有担忧。旨在发展"高等教育区"的"博洛尼亚进程"(Bologna process)计划的制定，也是欧洲国家为发展欧洲学分转换体系所付出的一大政策努力。在1999年的《博洛尼亚宣言》中,31个教育部部长[1](代表欧洲的29个国家)承诺会共同致力于建设具有"兼容性和可比性的高等教育"这一为期10年的项目。该目标的实现是建立起"一个更加全面广泛的欧洲"的关键。博洛尼亚进程因此而得名。以下是博洛尼亚进程中的6个主要目标:

a. 建立容易理解且可以比较的学位体系;

b. 建立以本科和硕士为基础的高等教育体系,采用美国式的本、硕连读模式。学士学位的周期为3至4年,硕士学位的周期为1至2年,一改过去的5至6年的高等教育学位要求;

c. 建立欧洲学分转换体系;

d. 促进师生和学术人员流动;

e. 保证欧洲高等教育的质量;

f. 促进欧洲范围内的高等教育合作,扩大欧洲高等教育的规模——促进"欧洲"模式导向的各层次课程体系和教学模式的发展。也就是说,使所有的学生都有欧洲意识,且使更多的学生在欧洲范围内流动。

我们可以得到如下三点结论。第一,学分制的推广使用是促

---

[1] 31位教育部部长共代表29个国家参与欧盟高校学生流动计划(ERASMUS)的制定,其中,列支敦士登和塞浦路斯的教育部部长未出席,但瑞士的教育部部长参加了,此外比利时和德国分别有2位教育部部长出席。比利时的2位教育部部长分别来自佛兰芒语区和法语区,德国的2位教育部部长则分别来自国家政府和州政府。

进欧洲高等教育发展一体化的关键因素,进而也会为未来欧洲一体化做出重要的贡献。总而言之,是否使用学分制和怎样使用学分制都是非常重要的公共政策议题。

第二,博洛尼亚进程可以被视为欧盟高等教育政策核心的又一进展。在博洛尼亚进程中,欧洲各国的教育部部长成为推动欧洲教育政策实施的主要合作伙伴和对话者。与学生(例如,国家学术认证信息中心)、大学教师、部门(例如,欧洲高校学生流动政策)和大学校长(以及《苏格拉底计划》中的伊拉斯莫计划SOCRATES-ERASMUS)相比,这些部长决策和活动的重要性开始变得黯然失色。

第三,宽泛地说,欧洲未来的高等教育治理至少有两大发展路径。第一条道路:欧洲的高等教育治理可以效仿美国高等教育的治理方法。在美国,各州保留着主要的决策权,并且大部分高等教育机构拥有自治权。此外,在学位可比性、学术项目时长、学分制的使用、学生流动、质量保障和课程发展等方面的合作与整合会继续发展下去,并且会继续秉持国家的自愿性原则。第二种可选择的未来道路是,通过跨国机构来加强高等教育的治理,较为相似的是,位于布鲁塞尔的欧盟。考虑到欧洲各国历史、文化和语言方面的巨大差异,第一种道路看起来更为适合。但若考虑到欧洲的集权化传统、统制经济(欧元的产生就是一个明显的例子)等因素,第二条道路则更有可能性。在《博洛尼亚宣言》的实施过程中,争论的基本内容主要在于这两条道路的选择上,最终都旨在推动欧洲的高等教育治理。

第八章

除了评估学生外,学分制的其他作用

至目前为止,我们主要集中讨论了学分制在衡量欧洲学生的学业进步和学术成就方面的作用。在美国,学分也经常用于检测高等教育机构与教师的工作量和产出。接下来我们来简要看一下,除了评估学生以外,学分制在欧洲国家中的其他作用。

与同样受国家资助的美国公共高等教育相比,英国可能拥有最透明的公共资金分配制度。在英国,高等教育机构有多种筹集资金的渠道,然而最大的资金份额(38%)则来自英国高等教育基金会(HEFCE, 1998a)。该基金会70%的资金用来支持教学工作,对高等教育机构的年度拨款是通过"每名全日制(FTE)[1]学生的基本成本乘以学生人数"的公式计算出来的(Higher Education Funding Council for England, 1998b)。临床医学、播音表演学科以及基于实验开展的学科的学生可以得到比所有其他学科的学生更多的拨款。一些其他类型的学生(大龄、非全日制或者学习全年课程),还有在一些特殊机构学习的学生或者在伦敦的高等教育机构学习的学生可以得到额外拨款,因为一般来说处于这样的高等教育机构中学习的成本会更高。英国高等教育基金会的教学支持资金将以整笔补助金的形式拨给高等教育机构,

---

[1] 全时当量(FTE)主要依据两点进行衡量。第一,与全日制学生的学分绩点数相对照,高校在招收FTE学生时所规定的学分绩点数目;第二,与全日制学生的实际学习时间相比,FTE学生的实际学习时间。因此,如果一名学生所学课程的全日制时间规定为3年,但是学生实际用了6年才完成课程的学习,那他的当量就是0.5了。

以支持其教学工作。

关键的一点是,虽然有国家政策和中央政府(英国高等教育基金会)划拨的资金支持,实际的教学成果(基于学分或其他标准测量)并未呈现。人们可能会提出质疑:一名与普通的全日制等同的学生(FTE)需要多少教学成本的投入呢?符合正常教学成本标准的学生有多少呢?然而,现在已无需解答上述疑问,因为FTE学生的单位教学成本是基于院校机构以往的教学支出计算得出的,而非院校基于应然成本的理念而制定出的一个标准成本(另一方面,几乎所有的英国高等教育基金会所分配给高校的资金是直接由高校研究成果的质量和数量决定的。研究质量由同行评估机构进行定期性的仔细评估,即英国的科研评估机制)。

如果政府对高等教育机构的拨款存在一个基本趋势的话,那么该趋势应是明细支出预算的形式被一次性支付或整笔补助的预算形式所取代。目的在于给予高校更多的灵活性来使其更好地进行资源管理;为高校提供一个更为简单、统一、透明的拨款制度,以及在拨款统计中体现政策的重点指标。其中的一个拨款政策重点指标与高校的需求和产出相关,例如,基于高校的FTE学生注册人数进行经费资助。

英国高等教育基金会对高校的资助模式是基于FTE标准进行整笔补助的一个例子。另一个例子则是丹麦高等教育财政中的"计价器系统"。之前基于"微观管理"的明细支出预算已经被整笔补助形式("基于高校在一学年或一整年中客观测得的实际学生活动水平")所替代(教育部,2000)。或者是,高校获得的政府经费支持以注册的FTE学生数为依据。然而,政策所优先关注的指标被设计到计算公式中,该公式分别赋予不同专业的学生以一定的教育成本权重,共计12种权重比率。用教育部(坦诚的)话说:"每年政府都会公布财政法案……学生的单位成本比率体现了一定的政治意义,这些财政法案是对高校教学(依据优先政策规定)进行引导的有力工具。"(Education Ministry, 2000; see also Education Ministry, 2002)

学分制下,依据高校的全日制学生注册人数可进行多方面的统计,但学分制并非这些统计方式的先决条件。事实上,丹麦是学分制发展最为缓慢的国家之一。

日本和澳大利亚的学分制

以美国的学分制实践作为对照,我们了解了欧洲的学分制,那么在非欧洲的发达国家,其高等教育领域中的学分制实践情况如何呢?值得探讨一下。对日本和澳大利亚的学分制进行比较分析,具有一定的意义。

由于日本在"二战"后受到了美国打压政策的影响(美国在日本实行政治、经济民主改革,完全控制了日本),因此日本高等教育中的词汇与美国的高等教育词汇较为相似。在日本,学生若想完成学士学位,通常需要在4年内获得124个学分,且学分的授予也与在课堂上花费的时间相关。然而除了这点以外,日本的学分制度看起来与美国的学分制度有着很大的不同。日本大多数的本科课程需要2个学期(即1年)来完成,通常以每周一节90分钟授课的形式开展,且以唯一的年末考试结束课程,这样的课程占1至4学分(因为除了讲授课以外,学生还需要将时间用在一些学术工作上,一般来说,在日本的课程中,单位学分所量化的学术时间应与美国的学术时间大致相当)。因此,特别是大一和大二两年,学生通常需要同时参加10门、15门甚至20门课程,才能获得每年所规定的31学分。

更重要的是,在日本,学生转专业或改变学习课程、进行院校流动以及将已有学分作为学业交换筹码的机会受到了严格的限制。随着时间的推移,学生很难基于可移植的学分进行院校之间或院校内部的流动,基本毫无灵活性的选择机会可言。除了学分的使用外,高等教育是由教育部进行高度集权管理的。尽管一些私立机构具有一定的自由裁量权,但整体而言,大学管理往往呈现僵化的官僚主义特点。

总而言之,虽然日本和美国有很多相似的高等教育词语,但是内涵却不同。相比美国而言,日本在高等教育方面想要冲破阻碍而进行改革似乎看起来更难。学分制的存在与否似乎与这个现实情况并不相关。文化差异和政治差异是最根本的影响因素,深深影响着人们对改革步伐和改革过程的态度,同时,在平衡实现改革与由于改革所引发的社会不和谐,甚至动乱现象的这一对矛盾中也取得相对有价值的成果。

在澳大利亚,大学课程和学位要求均以学分为单位,但院校间的学分系统却存在很大差异,诸如所用的术语、课程学分以及学位规定学分等,均存在差异。学分系统标准化的缺失,阻碍了澳大利亚的学生进行院校间的流动,同时也反映出学生极少有进行院校间流动的需求,尤其是与美国学生相比。此外,在大学中,澳大利亚学生要比美国学生更早地进行专业选择,他们的课程计划也更加严格,几乎没有进行课程选择的机会(教育培训和青年事务部,Ministry of Education, Training and Youth Affairs, 2001;

Karmel,1999)。

在日本和澳大利亚,学生的选择与流动受到了限制,这点反映了美国特点的学分制度在两国实施的有限性。然而在教育创新和改革方面,澳大利亚与日本的高等教育形成了鲜明对比。澳大利亚学生的数量在20世纪60年代时开始急剧增长。到了80年代,澳大利亚的金融结构经历了重大改革,中央政府承担了各州的主要职责。在此背景下,高等教育贡献计划应运而生,提供了高校学生学费的成本分担机制。关于"贡献"费用,既可以在学生入学登记的时候支付给学生(打折收费),也可以作为返还税金在学生入学后不间断地支付给学生。此外,澳大利亚还有其他方面的创新,三年一次的预算、一个复杂的且主动吸收外国学生的留学教育体系,以及国家政策在近十年来对公平的追求——提升高等教育领域中弱势群体,包括社会经济地位低下的学生、土著学生、非英语母语的学生以及来自农村或偏远地区的学生的参与度。

总 结

随着学分制在欧洲国家中日益普遍的使用("学分革命"),学分制的实施被视为高等教育改革的一个重要组成部分。如上述内容,学分制的实施具有多方面的作用和价值,例如,使得教育系统和学位证书更具透明性,促进了劳动力市场的发展和人力资本的流动;扩大了欧洲范围内人们的终身学习机会;推动了欧洲高校间的合作等。

欧洲、日本和澳大利亚学分制度的使用基本上遵循美国学分模式下的基本原则,即依据两种方式衡量学术成果:一是基于学术活动(涵盖课内外)的时间来衡量;二是基于学生的学业表现或成果(在某一类型考试中的成绩达标)。此外,美国的学分制在目前虽然不是世界的通用标准,但也具有较为广泛的适应性。具体而言,学分制下,全日制学习一般规定学生需完成共计36至50小时的(课内外)学术活动,学生每周完成3小时的学术活动量,即可获得1学分(每学期大概15周)。

欧洲的高等教育制度从传统形式转变为基于学分制的组织形式,令人欣慰的是,这促使了高等教育管理主体的根本转变——由院校教师设计和控制的一致性课程(刚性管理)转变为由学生灵活选择和决定的多样化课程。

在美国学分制日益普及的背景下,也有人认为学分制阻碍了改革创新。然而事实显然是,学分制的缺失使得高等教育缺乏改革和创新的动力。例如,在欧洲东欧高等教育制度的学分制使用率最低,这使得其教育领域呈现僵化甚至退化的态势。东欧现存的教育制度无法将高校课程体系与市场经济的劳动力需求紧密联系,也无法使生活在一个特定国家的人们的语言文化需求得到很好的满足。此外,东欧的教育制度也缺乏民主平等的理念,而高等教育应接纳社会中的所有人,无论其性别、民族、人种、信仰、语言背景是否不同以及身体是否健全。

另一方面,我们也可以看到,在很多未使用学分制的国家,其高等教育依然产生了巨大变革。丹麦财政中的"计价器系统"每年都会对高等教育资助措施进行调整,将政府对高校的基本资助与政府的政策目标相联系。澳大利亚则为实现教育公平做出了很大努力。基于以上两国的教育情况,可见美国的学分制并非是高校进行改革创新的标准。

更重要的一点是,学分制既可以是一种促进改革的制度(例如在欧洲的多数国家),也可以是一种延缓改革的制度(例如在美国的一些地区,学分制被编撰至法律中,具有很强的官僚色彩)。因此,教育改革可能与广泛的社会、文化、经济、政治因素有更紧密的关系,而非是学分制度。

例如,美国、欧洲、日本和澳大利亚的高校学生流动水平的变化更可能与人们高等教育意识形态相关,而并非与学分制度的存在性相关。在这些国家地区中,学生流动具有较高的灵活性和自由度(当然,我们应撇开这种完全依靠学生决策的"错误意识")。

以下几点可能是决定改革幅度和速度的最重要因素:

劳动力市场或社会对高等教育体制变革的需求——对高等教育新目标的要求。

改革所依托的资源的可获得性,合理的改革规划——实现新目标的适当手段。

学术和政治领导力以及将大众的期望转变成实际行动的决心。

与这些因素相比,学分制度的存在与否就好比在海浪中摇曳的细枝。

参考文献

Adelman, C. Answers in the Tool Box: Academic Intensity, Attendance Patterns, and Bachelor's Degree Attainment, Washington, D. C.: Office of Education Research and Improvement, U. S. Department of Education, 1999.

Bollag, B. "Coordinating Academic Exchanges." Chronicle of Higher Education, Sept. 1, 1993.

Bollag, B. "Expanded Exchanges in European Union." Chronicle of Higher Education, May 25, 1994.

Bollag, B. "Final Approval Expected for 'Socrates' Program." Chronicle of Higher Education, Mar. 3, 1995a.

Bollag, B. "Former Communist States to Join European Union's Exchanges." Chronicle of Higher Education, Nov. 17, 1995b.

Desruisseaux, P. "Assessing Quality." Chronicle of Higher Education, Dec. 7, 1994.

Education Ministry. Financing of Education in Denmark. (http://www.uvm.dk/eng/publications/factsheets/taximeter.htm). 2000.

Education Ministry. Higher Education. (http://www.uvm.dk/eng/publictions/factsheets/fact7.htm). 2002.

European Commission. European Credit Transfer System: ECTS Users' Guide. Brussels, Belgium: European Commission, 1998.

European Commission. Socrates-Erasmus: A Guide to Higher Education Systems and Qualifications in the EU and EEA Countries. (http://www.europa.eu.int/comm/education/spcrates/Erasmus/guide/default.html). 1998.

European Commission. "Report for the European Commission: ECTS Extension Feasibility Project." (http://www.europa.eu.int/comm/education/socrates/ectsrap.pdf). 2000.

European Commission. "Higher Education in Europe." (http://europa.eu.int/comm/education/higher/html). 2001.

European Commission. "European Credit Transfer System." (http://www.europa.eu.int/comm/education/socrates/ectsrap.pdf). N. d.

European Commission. "European Credit Transfer System Extension: Questions and Answers." (http://www.europa.eu.int/comm/education/socrates/ectsfea.html). N. d.

European Commission. "NARIC: Network of National Academic Recognition Information Centres in the Member States of the European Union, the Countries of the European Economic Area and the Associated Countries in Central and Eastern Europe and Cyprus." (http://www.europa.eu.int/comm/education/socrates/agenar.html). N. d.

Freeland, R. M. "Academic Change and Presidential Leadership." In P. G. Altbach, P. J. Gumport, and D. B. Johnstone (eds.), In Defense of American Higher Education. Baltimore, Md.: Johns Hopkins University Press, 2001.

Hayward, F. M. Internationalization of U. S. Higher Education. Washington, D. C.: American Council on Education, 2000.

Higher Education Funding Council for England. "Funding Higher Education in England: How the HEFCE Allocates Its Funds." (http://www.hefce.ac.uk/pubs/hefce/1998/9867.htm). 1998a.

Higher Education Funding Council for England. "Annex F: Student Load," In Higher Education Students Early Statistics Survey 1998–99. (http://www.hefce.ac.uk/pubs/hefce/1998/98_48.htm), 1998b.

Jallade, J.-P., Gordon and Lebeau, N. Socrates Programme. Higher Education (ERASMUS) Study Mobility Within the European Union: A Statistical Analysis. European Institute of Education and Social Policy for DGXXII of the European Commission. (http://www.europa.eu.int/comm/education/socrates/erasmus/statisti;sum.html). 1994–1995.

Karmel, T. Financing Higher Education in Australia. Canberra, Australia: Higher Education Division, Department of Education, Training and Youth Affairs, June, 1999.

Kuh, G. D. "College Students Today: Why We Can't Leave Serendipity to Chance." In P. G. Altbach, P. J. Gumport, and D. B. Johnstone (eds.), In Defense of American Higher Education. Baltimore, Md.: Johns Hopkins University Press, 2001.

Ministry of Education. Higher Education Policy in Finland. Helsinki: Ministry of Education, 2000.

Ministry of Education, Training and Youth Affairs. Higher Education Report for the 2001 to 2003 Triennium. Canberra, Australia: Ministry of Education, Training and Youth Affairs, 2001.

Schnitzer, K., lsserstedt, W., Mussig-Trapp, P., and Schreiber, J. Student Life in Germany: The Socio-Economic Picture. Bonn: Bundesministerium Bildung, 1999.

Shoenberg, R. "'Why Do I Have to Take This Course?' or Credit Hours,

Transfer, and Curricular Coherence." General Education in an Age of Student Mobility. Washington, D. C. : Association of American Colleges and Universities, 2001.

第九章

学分制如同一个通用的翻译器,使得繁杂的高等教育机构将迥然不同的活动翻译成同一种语言。但学分制也会导致一些不良教育现象,特别是与学生学习目标和评价相关的问题。此外,我们还需要寻求修正的方法以应对学分制可能导致的不公平现象。

学分制:连接的纽带

珍·韦尔曼,托马斯·欧利希

一直以来,对学分制定义及其实施的探究就好比盲人摸象[1],很多不同的事实已经显露,我们有必要将其结合起来,进行整体分析。以下是我们得到的结论:

- 学分制作为不同高等教育制度中的一种共通的标准,使得

---

[1] 这是指一个古老的印度故事,故事中六个盲人被要求分别抓住大象的不同部分——耳朵、侧体、躯干、牙齿、尾巴、腿——并以他们的感受来描述此物。当然,因为不能看到这个完整的动物形态,每个人最终描述出了不同的动物。

高校的复杂活动过程得以转化为易于理解的公共术语。学分制是学生流动的依据,是公共责任系统(包括招生管理、教师工作量的衡量以及预算分配)的主要构成要素,也是对学生授予学位证书的依托工具。显然,无论何时,学分制都不会消失,也不应该消失。

- 学分制是为一定的历史时期所设计的有影响力的工具——一方面是为了提高上个世纪早期的高等教育效率,另一方面是为了弥补当下高等教育的不足(尽管不相关)。它是在工业时代的背景下所设计的制度,基于任务完成的时间授予学分。一个世纪以后,我们继续遵循这一制度。

- 尽管学分制在民间被予以一定的内涵界定,但并没有一个统一一致的定义。正像"红桃王后"的槌球场规矩一样,没有明确的界定,而是基于认证方的看待和处理方式。当学分制的含义明确后(但在数据词典附录中,似乎往往被忽视),学分制继续成为课时衡量的依据:14周或15周的时间段内,学生每周上课1个小时,即可获得1学分;全日制学生每周需上满12小时的课;学士学位的学分要求为120学分。该标准不随学习目标和结果的变化而调整,也不总是与高校内部或不同类型高校之间的时间或任务量相关联。

- 学分制最初产生是为了解决高中生升入大学的录取标准化问题,那时只有不到10%的高中毕业生接受高等教育。如今,学分制使得基础教育系统与高等教育系统相分离,它是反映学业成就重要因素的公共信号,而非反映高中毕业要求或大学所需技能水平的信号。尽管大多数高校早已摒弃了"学分与任务时间相对等"的假定,但义务教育法明确规定,高中阶段仍需要坚持基于时间的学分衡量标准。

- 学分制是高等教育中教学创新的障碍,这是我们早期的假设,但这一假设并不完全正确。学分制不一定完全扼制创新,原因之一在于,学分制很少会受到院校内部或外部机构的监管,因此该制度被制定后,不能得到始终如一的执行。另外,诞生了一些具有高度创新意向的创新型院校——由具有学术创新和机构改革共同愿景的领导群体所带领,并使其成员致力于该愿景的实现。因此,对于那些想要开发替代性学习评价标准或制定不同的资源分配原则的领导者来说,可以如此行动。

- 同时,对于学术机构中的一些不良现象,学分制并不是其成因,而仅是起到一定的固化作用。这是因为,学分制似乎是通过时间和学分的累积来衡量学习,而不是通过学习的目标或结果来衡量学习。它有助于学习的"原子化",这是由于高等教育系统中,学生可以高度的流动,同时,在学位市场中,独立课程(以学分来记录)具有可替换性,不再受更大范围的课程体系的影响。学分制下,学生想要获得学士学位,都必须累计达到 120 学分,无论其学习顺序是否合理或学习的累积能否明确界定学习成果,还是所学学科是否满足课程分配和专业要求。如果学生所获得学分均基于同一高校的课程学习,则他们可能会受益于连贯完整的课程体系。然而在全国范围内,只有一部分本科层次的学生属于这种情况,因为大多数学生在获得学士学位前会就读于两所及其以上的大学。

- 在美国,学分制已经被嵌入高等教育管理制度中。虽然学分不隶属于单一实体,但联邦政府则是其唯一且最大的监管者。学分制是由美国发明的,并且直到近年来才在美国之外的国家和地区使用。我们发现一些没有使用学分制或与之类似制度的国家有着标准化的国家课程,且高校间学生的流动性很低。学分制越来越快地为许多西欧国家和其他地区所引用,有时作为提升课程灵活性和学生流动性的改革手段,有时仅具有语义性的制度光泽。如果学分制没有产生,那我们是否有制定该制度的必要呢?其他国家的事实表明,学分制的产生极有必要。

- 在学分制(无须考虑学生的学习顺序,即可授予学生学分)的预算激励结构下,在以下方面对高校起不到激励作用——高校对课程计划的重新设置或为那些想要学习连贯性课程的学生提供保障。因为无论高校的教学活动如何,国家均只根据学分来划拨支持经费。尽管国家在发展预算制度上已付出了一定努力,但预算机制(支持延续基本的预算制度,反对可能会造成资源风险或学分损失的制度改革)始终是高等教育中最强大的固化因素。

- 在很多国家中,相比于综合型大学或社区学院,研究型大学更易从预算系统中受益。研究型大学通常具有不受政府控制的更高独立性,因而可以更自由地制定衡量标准,以解决优先事宜。高校内部可以进行交叉补贴,例如,将低成本课程活动的经费补充于高成本的课程活动,该办学行为在学分制的预算制度下均得以掩盖。尽管该制度持续混淆了所有高校活动的实际成本,但对于那类兼具高成本课程和低成本课程的高等教育机构(例如研究型大学)却较为有利,同时学分制及其与全日制、非全日制相关的制度规定也有利于那些有着大批全日制高年级学生和研究生的高等教育机构。社区学院则处于明显的弱势地位,由于其就读学生大多是非全日制的低年级学生,所以社区学院则没有类似研究型大学那样的获得交叉补贴的机会。

对于研究而言,关键的政策问题在于,如果学分制被更改,那么这些基于学分制的教学管理行为是否会发生改变呢?学分制可以从一些层面进行渐近的变化,经过逐步积累最终有一个质的变化。举个例子,如果联邦政府明确地规定学分要以课程目标为准,而不是以时间为准的话,那么将会有很大的不同。如果认证机构重新审视其对学位所需学分和学分奖励原则的有关规定,也会产生很大的影响。国家资助机构可以通过基于多种途径开展预算工作,例如可以根据入学登记学生数、课程顺序或学习结果来制定预算,而不是仅仅基于学分来制定预算。

然而,在外部监管方面发生的改变则不会像院校机构内部发生的变化那样多。关于学分制的重要变革更多地应在高校内展开,且大多数应是自发产生的。可以着手改革之处是,院校加强对学分制实施情况的内部监控——大学招生所规定的高中课程、学位所需学分、住宿要求以及教师工作量等方面的监测。正如当下所使用的学分制,其可以根据院校的优先事宜进行调整。在大部分院校中,其对学分制的探索,会使得学分制的实施得到小而有意义的修正,而该结果势必会推动高等教育的发展。

索　引

Academic calendars	学术日历,p10,p62-63,p64
Academic year	学年,p75
Accreditation	认证,p57-68； 认证与学术日历,p62-63,p64； 学分认证,p60-61,p63-64； 联邦机构监管认证,p77； 国家认证,p58-59,p63-64,p66-67,p68； 认证的目的和作用,p57-58； 区域,p58,p59,p60-63,p66,p67； 专业认证,p59,p60,p65-66,p67-68； 认证标准,p59-68； 认证标准的过程步骤,p58； 西部州长大学认证标准,p38-39,p61
Accreditation Board for Engineering and Technology	工程技术认证委员会,p65,p67
Accreditation Council for Continuing Education and Training	继续教育及训练认证委员会,p59

Accrediting Council for Independent Schools and Colleges	独立院校认证委员会,p64
Adelman,C.	Adelman,C., p11,p103,p104
Advisory committee members	顾问委员会成员,p3-4
Albert, L.	Albert, L., p3
Alverno College	阿尔维诺学院,p31-32,p33,p35,p37,p46
American Association of Bible Colleges	美国圣经学院协会,p59
American Association of University Professors	美国大学教授协会,p80
American Bar Association	美国律师协会,p65-66,p68
American Federation of Teachers	美国教师联合会,p80
Articulation Agreement	学分连接协议,p39
Assessment, in Europe	欧洲评估,p102-103
Association of Advanced Rabbinical and Talmudic Schools	高级犹太教和犹太法典学校协会,p59
Association of Theologic Schools	美国神学院校联合会,p59
Australia	澳大利亚,p113-114,p115
Baccalaureate degrees, requirement for	学士学位要求 p62,p120
Barrow, C.W.	Barrow, C.W., p7,p8
Bollag B.	Bollag B., p107
"Bologna process"	"博洛尼亚进程",p109-110
Bowen, H.R.	Bowen, H.R., p87

Budgeting	预算,p83-97; 社区院校预算,p87-88,p94-95,p121; 基于美元的预算,p52; 预算过程概述,p84-86; 基于绩效的预算,p92-93; 项目计划预算制度(PPBS),p10,p91; 预算中学分使用的利弊,p93-97,p121; 研究型大学预算,p95,p121; 状态系统预算,p10,p86-93。参见资金
Burk, J.	Burk, J., p92
California State University	加州州立大学(CSU): p51-53 加州州立大学的教员工作量的方法; 蒙特利湾,加州州立大学教学创新,p32,p33,p36
Capella University	卡佩拉大学,p79
Carnegie, A.	Carnegie, A. p7
The Carnegie Foundation for the Advancement of Teaching	卡内基教学促进基金会,p2,p5,p7-8
Carnegie units	卡内基单元,p7-8,p88
Charter Oak State College	查特奥克州立大学,p11,p32,p34,p35
Choy, S.	Choy, S. p93
City University of New York	纽约城市大学,p50
Classification of Instructional Program (CIP)	教学程序分类(CIP)代码,p16
Clock hours	课时,p10,p75

Collective Bargaining	集体谈判: 由教职工工作量决定集体谈判,p51; 创新受阻于集体谈判,p46-55; 集体谈判与学分使用,p10-11; 集体谈判与加权教学单元(WTUs),p52
College Entrance Examination Board of the Middle States and Maryland	美国中部各州和马里兰州高考委员会,p7
College See Community colleges; Institutions of higher education	学院。参见社区学院,高等教育机构
Commission on Higher Learning See also North Central Commission on Higher Education	高等教育委员会,p61。参见北中央高等教育委员会
Common Data System	公共数据系统,p10
Community colleges	社区学院: 社区学院预算,p87-88,p94-95,p121; 社区学院上课时间与学分之间的关系,p23-28,p29-30
Community colleges of Colorado	科罗拉多社区学院,p79
Connecticut Distance Learning Consortium	康涅狄格远程教育联盟,p79
Cooke, M. L.	Cooke, M. L., p8
Council for Higher Education Accreditation	高等教育认证委员会,p77
Council for Postsecondary Accreditation	高等教育评审委员会,p77
Council for Occupational Education	职业教育委员会,p63

Courses	课程： 作为衡量教师工作量的指标,p48,p49-50; 非传统课程学分授予标准,p3,p64; 学分授予和课程学时的关系,p16-30
Credit Hours	学分： 学分是创新的壁垒,p33-34,p37-40,p41-42,p120; 学分的定义,p60-61,p63-64,p75,p119-120; 未来学分授予政策,p96-97,p121-122; 学分历史,p5-12,p119-120; 学分发现总结,p119-121; 高等教育中学分的使用,p3-9,p119
Credits vs. Student credit hours	学分与学生学时对比,p6
Curriculum	课程： 欧洲课程,p102,p114; 课程创新与学分衡量,p35-41; 标准化高中课程,p6-7
Data reporting	数据报告,p10
Degree requirements	学位要求： 学士学位(要求),p62,p120; 内建(于学位要求的)学分制,p75,p100; 欧洲(的学位要求),p101; 毕业(的学位要求),p62; (学位要求)法律,p66
Deinstitutionalization of high education	高等教育的去制度化,p11
Denmark	丹麦,p102,p112,p115
Desruisseaux, P.	Desruisseaux, P., p107

Distance education	远程教育： （远程教育）及"50%规则"，p11,p76； 适用于（远程教育的）学分,p34-35； 远程教育与"12小时规则"
Distance Education and Training Council	远程教育和培训委员会,p39,p59
Distance Education Demonstration Project	远程教育示范项目,p38,p41,p74,p78-80
Dollar-based budgeting	基于美元的预算,p52
Douglass, J. A	Douglass, J. A,p10, p86
Dumke, G. S.	Dumke, G. S.,p51, p52
Eaton, J	Eaton, J,p3
Edgerton, R	Edgerton, R,p3
Education Ministry (Denmark)	丹麦教育部,p112
Efficiency, measuring	效率,衡量,p8
Ehrlich, T.	Ehrlich, T.,p2-3, p31, p45, p119
Elective system	选课制度,p8-9
Eliot,C. W.	Eliot,C. W.,p6,p8-9
Empire State College	帝国州立大学,p32,p35
England	英格兰
Europe	欧洲,p100-112； 欧洲评估,p102-103； 欧洲的博洛尼亚进程,p109-110； 欧洲课程,p102,p114； 欧洲学位要求,p101； 欧洲高等教育资金,p111-112； 欧洲学生流动性,p103-104,p105-111； 欧洲留学生,p104-105

European Action Scheme for the Mobility of University Students	欧洲大学生流动力行动计划,p106-107,p110
European Commission	欧盟委员会,p100,p101,p102,p105,p108,p109
European Credit System (EC[T]S)	欧洲信用体系,p108-109
European Credit Transfer System (ECTS)	欧洲学分转移系统,p107-110
European Network of National Information Centres on Academic Recognition and Mobility (ENIC)	欧洲皇家信息网络学术认可和流动中心,p106
European Union (EU)	欧盟,p105-111
Evergreen State College	长青州立大学,p32,p33,p36
Ewell, P. T.	Ewell, P. T. ,p3,p92,p93
Excelsior College	伊克塞尔希尔学院,p34,p34,p41
Faculty	教师： 兼职教师,课堂接触时间对教师的影响,p46-47; 教师的退休金,p7-8; 另见教师工作量
Faculty Workload	教师工作量,p44-45; 学分对教师工作量的影响,p45-48,p93-94; 教师工作量的根本变化,p53-55; 教师工作量的修正方式,p51-53; 私立院校的教师工作量,p48-49; 公立院校的教师工作量,p49-51; 教师工作量的加权教学单元法,p51-53
Federal financial aid. See Title IV student aid	联邦财政援助(参见第四章学生援助)

Federal government	联邦政府,p71-81; 受联邦政府管辖的认证机构,p77; 扩大联邦政府在高等教育中的作用,p10,p72; 联邦政府对学分制的使用,p73-78,p80-81。 另见高等教育法,第四章学生援助,美国教育部
Ferren, A.	Ferren, A., p3
"50-Percent rule"	50%规则,p11,p76
Financial aid See Title IV student aid	财政援助。 参见第四章学生援助。
Finland	芬兰,p100,p120
Florida State University	佛罗里达州立大学,p79
Flower, R.	Flower, R., p3
France	法国,p101,p102
Franklin University	富兰克林大学,p79
Freeland, R. M.	Freeland, R. M., p102
Full-time enrollment	全日制招生,p75
Full-time equivalent (FTE) measurement	全职等效人数(FTE)测量; 全职等效人数(FTE)测量和预算,p87-88,p103; 英国的全职等效人数(FTE)测量,p116
Funding See also Budgeting	资助: 改变美国资助内容,p83-84; 欧洲的资助情况,p111-112; 另见预算
General Education Board	大众教育董事会,p7,p8
Gerhard, D	Gerhard, D, p6, p9
Germany	德国,p101,p105

GI Bill	GI 条款,p10,p71,p73
Gladieux, L. E.	Gladieux, L. E.,p73
Gordon, J.	Gordon, J.,p107
Graduate degrees	硕士学位;硕士学位要求,p62
Greene, D. L.	Greene, D. L.,p86,p91
Harris, M.	Harris, M.,p2
Harvard University	哈佛大学,P9
Hayward, F. M.	Hayward, F. M.,p105
Henry, R. J.	Henry, R. J.,p4
Hewlett Foundation	惠利基金会,p2
High schools	高中: 高中标准化课程,p6-7; 基于时间的高中学分衡量,p120
Higher education	高等教育: 联邦政府在高等教育中的作用,p10,p72; 州政府对高等教育的资助,p83-84; 美国教育部对高等教育的作用,p71-72; 学分制在高等教育中的运用,p3,p9-11。 另见高等教育院校
Higher education Act	高等教育法案,p72-73,p77
Higher education Budgeting at the State Level(Jones)	州一级的高等教育预算(Jones),p88
Higher Education Contribution Scheme(Australia)	高等教育贡献计划(澳大利亚),p113
Higher Education Funding Council for England	英格兰高等教育资助委员会,p111-112
Hovey, H.	Hovey, H.,p92

Huber, M.T.	Huber, M.T., p47
Iceland	冰岛, p101
Innovation	创新: 学分制是创新的阻碍, p33-34, p37-40, p41-42, p120; 课程创新, p35-41; 欧洲的创新, p114-115; 制度因素阻碍创新, p46-48; 创新知名院校, p31-33; 教学及科研创新, p49; 工作量监督对创新的作用, p55; 另见远程教育,专门机构
Institute for Higher Education Policy	高等教育政策机构, p2
Institutions of higher education See also Community colleges; Research Universities	高等院校: 高等院校教师工作量方法, p48-53; 高等院校角色的变化, p75; 高等院校定义, p75; 有资格参加第四章中学生资助计划的高等院校, p13-30; 高等教育机构学分制的执行, p16-30; 关于课时和高等院校学分授予关系的研究, p16-30; 对高校学分制应用政策的调查, p13-16。 另见社区学院,研究性大学
Instructional workload See also Faculty workload	机构工作量。 参见教师工作量
Integrated Postsecondary Education Data Survey (IPEDS)	综合高等教育数据调查, p10, p75, p78, p85
Isserstedt, W.	Isserstedt, W., p104, p105
Italy	意大利, p101

Jallade, J.-P.	Jallade, J.-P., p107
Japan	日本, p112-113, p115
Jenny, H. H.	Jenny, H. H., p86, p87
Johnstone, C.	Johnstone, C., p37, p39
Jonse, D.	Jonse, D., p4, p53-51, p85, p86, p88, p91
Jonse International University	琼斯国际大学, p61
Karmel, T.	Karmel, T., p113
Kerr, C.	Kerr, C., p10
Kirst, M. W.	Kirst, M. W., p4
Kreplin, H.	Kreplin, H., p7
Kuh, G. D.	Kuh, G. D., p102
Lagemann, E. C.	Lagemann, E. C., p6
Lasher, W. F.	Lasher, W. F., p86, p91
Law degrees	法学学位, p66
LDS Church Education System	教会教育系统, p79
Lebeau, N.	Lebeau, N., p107
Levine, A.	Levine, A., p6, p7
Lieberman, J.	Lieberman, J., p72
Lingenfelter, fP.	Lingenfelter, fP., p4
Lucas, C. J.	Lucas, C. J., p9
McCabe, R.	McCabe, R., p53
McCormick, A.	McCormick, A., p4
Mentkowski, M.	Mentkowski, M., p37
Miami-Dade Community Colledges	迈阿密戴德社区大学, p53
Middaugh, M.	Middaugh, M., p4

索　引

Middle States Association of Schools and Colleges	美国中部各州中小学和学院协会,p62
Ministry of Education (Finland)	芬兰教育部,p100
Ministry of Education, Training and Youth Affairs (Australia)	澳大利亚教育、培训和青年事务部,p113
Mussig-Trapp, P.	Mussig-Trapp, P., P104, p105
Nation at Risk (National Commission on Excellence in Education)	处于危险中的国家(国家卓越教育委员会),p72
National Academic Recogniton Information Centres (NARIC) network	国家学术鉴定信息中心网络,p105-106,p110
National accreditation	国家认证,p58-59
	国家认证标准,p59,p63-64,p66-67,p68
National Association of College and University Business Officers	全国学院和大学商务官员协会,p86
National Center for Education Statistics	全国教育统计中心,p16,p17,p92
National Center for Higher Education Management Systems (NCHEMS)	国家高等教育中心管理系统,p85,p86,p87
National Commission on Excellence in Education	国家卓越教育委员会,p72
National Council for the Accreditation of Teacher Education	全国教师教育鉴定委员会,p65,p67
National Education Association	全国教育协会,p6-7
National League of Nursing Accredutation Commission	全国护理成长委员会联盟,p65,p67
Netherland	荷兰,p101,p102
New College of Florida	新佛罗里达学院,p32,p37

126

New England Association of Schools and Colleges, Higher Learning Commission	新英格兰学校和学院协会,高等教育委员会,p61
New York University	纽约大学,p79
North Central Association	美国中北部教育联盟,p7
North Central Commission on Higher Education	美国中北部高等教育委员会,p79
North Central Commission on Learning	美国中北部学习委员会,p61-62
North Dakota University system	北达科他州大学系统,p79
Norway	挪威,p101,p102
Ohio Board of Regents	俄亥俄州教育局,p51
Peinovich, P	Peinovich, P, p34
Performance-based budgeting	绩效基础预算,p92-93
Phelps, M.	Phelps, M., p34
Piper, D. L.	Piper, D. L., P92-93
Plater, W.	Plater, W., P4
Policies	政策: 教师工作量政策,p48-53; 未来学时制政策,p96-97,p121-122; 学时制运用政策调查,p13-16;
The Politics of the Budget Process	预算进程中的政治,p91
Portugal	葡萄牙,p101
Post-secondary education	高等教育
Private institutions	私立院校: 私立院校教师工作量的测算方式,p48-49; 私立院校课时,p20

Professors	教授。
See Faculty	见教师
Program-planning budgeting system（PPBG）	规划预算系统,p10,p91
Project Advisory Committee	项目咨询委员会,p3－4
Public budgeting	公共预算。
See Budgeting	参见预算
Public institutions	公立院校： 公立院校教师工作量的测算方式, p49－51； 公立院校课时,p20
Quest Education Corporation-Kaplan College	探索教育公司－卡普兰学院,p79
Raubinger, F. M.	Raubinger, F. M., p5, p7, p8
Regents Board(New York)	评议委员会(纽约),p7
Regents College	莱金茨学院(摄政学院)。
See Excelsior College	参见伊克塞尔希学院
Regional accreditation	地区性认证,p58； 地区性认证标准,p59,p60－63, p66,p67
Research, role in determining faculty workload	确定教师工作量的角色研究,p49
Research project	研究项目： 研究项目咨询委员会,p3－4； 研究项目概述,p2－3
Research universities, budgeting for	研究型大学的预算,p95,p121
Resource Requirement Preduction Models	资源需求预测模型,p87
Retirement pension, faculty	教师退休金,p7－8
Rosovsky, H.	Rosovsky, H., p48

Rowe, H. G.	Rowe, H. G., p5, p7, p8
Rudolph, F.	Rudolph, F., p7
Satisfactory academic progress	两人满意的学术进步,p76
Sax L. J.	Sax L. J., p4
Schnitzer, K.	Schnitzer, K., p104, p105
Schoenberg, B.	Schoenberg, B., p55
Schreiber, J.	Schreiber, J., p104, p105
Serban, A. M.	Serban, A. M., p92
Shedd, J. M.	Shedd, J. M., p2, p5, p13
Shoenberg, R.	Shoenberg, R., p102
Smith, B.	Smith, B., p36
SOCRATES	《苏格拉底计划》,p106
SOCRATES-ERASMUS	苏格拉底-伊拉斯谟,p107,p110
Southern Association of Colleges and Schools, Commission on Colleges	高等学校委员会南方高等学校协会,p62,p63
Southern Christian University	南方基督大学,p79
Spain	西班牙,p101
Specialized accreditation	专业认证,p59,p60; 专业认证标准,p65－66,p67－68
Spencer Foundation	斯宾塞基金会,p2
Standardization	标准化: 标准化基础的定义,p7,p8 高中课程的标准化,p6－7
Standards	标准: 国家认证标准,p59,p63－64,p66－67,p68; 地区认证标准,p59,p60－63,p66,p67; 专业认证标准,p65－66,p67－68

State governments	州政府： 同州政府的学分连接协议,p39； 州政府的预算编制法,p10,p86-93； 州政府的高等教育资助,p83-84
State Postsecondary Review Entity program	州高等教育审查实体计划,p74
State University of New York (SUNY) See also Empire State College	纽约州立大学。 另见帝国州立大学
Student hours	学生课时,p8
Student mobility	学生流动： 欧洲的学生流动,p103-104,p105-111； 美国的学生流动,p11,p103-104
Student Right to Know law	学生知情权法,p78
Study abroad, by U.S. vs. European students	美国和欧洲学生的留学对比,p104-105
Survey, on policies for using credit hours	关于使用学分制政策的调查,p13-16
Sweden	瑞典,p100-101,p102
Taximeter system (Denmark)	丹麦的出租车计价器系统,p112,p115
Teachers Insurance and Annuity Association-College Retirement Equities Fund (TIAA-CREF)	教师保险及年金协会-学院退休股票基金,p2
Teaching	教学： 奖励教学与研究教学,p49,p51； 加权教学单元的教学工作量法,p51-53。 另见教师工作量
Texas Tech University	得州理工大学,p79

Thomas Edison State College	托马斯爱迪生州立学院,p32,p34
Thomas,L.	Thomas,L.,p104
Time in classroom	课堂时间: 学分授予与课时的关系,p16-30,p99-100
Timmons,B.	Timmons,B.,p4
Title IV student aid	第四章学生援助: 第四章学生援助的"50%规则",p11,p76; 第四章学生援助中的反欺诈努力,p74; 第四章学生援助中的示范项目,p38,p41,p74,p78-80; 第四章学生援助的联邦政府规范,p10,p73; 第四章学生援助与创新性院校,p35,p38,p41; 第四章学生援助的参加条件,p35,p75-76; 第四章学生援助"基于学生"的教学模式,p79-80
Transfer of credits See also Student mobility	学分转换,p39。另见学生转移
Transnational Association of Christian Colleges and Schools	基督教学院和学校的跨国协会,p59
Tusculum College	塔斯库勒姆学院,p32,p33,p37
"Twelve-hour rule"	12小时规则,p80
Twigg,C. A.	Twigg,C. A.,p11
Unions See Collective bargaining	联盟。参见集体谈判
United States	美国: 美国学分制使用概述,p99-100; 美国学生的留学情况,p104,p105; 美国的转校和转专业,p103-104

Universities	大学。 参见高等院校,研究型大学
The University: An Owner's Manual (Rosovsky)	大学:所有者手册,p48
University of Alabama	阿拉巴马大学,p51
University of California	加利福尼亚大学,p10; 加利福尼亚大学预计工作量测量备忘录,p88,p90–91
University of Delaware, Office of Institutional Research	特拉华大学院校研究办公室,p13
University of Hawaii	夏威夷大学,p50
University of Maryland-University College	马里兰大学-大学学院,p79
University of Michigan	密歇根大学,p9
University of Nebraska	内布拉斯加大学,p50
University of Phoenix	凤凰城大学: 凤凰城大学认证,p61; 凤凰城大学的院校创新,p32–33,p40–41; 凤凰城大学的教师责任按件计酬制,p54; 凤凰城大学与美国教育部,p76
University of Texas	得克萨斯大学,p53
University of Wisconsin	威斯康星大学,p9,p50
U.S. Department of Education (USDE)	美国教育部,p76,p77,p79,p85; 由美国教育部指定的校历,p64; 美国教育部的信息搜集,p78; 美国教育部在高等教育中的作用,p71–72; 美国教育部的"12小时规则",p80
U.S. Office of Management and the Budget	美国管理和预算办公室,p72
Virtual institutions	虚拟大学,p11

Weighted teaching units (WTUs)	加权教学单位,p51-53
Wellman, J. V.	Wellman, J. V., p2, p3, p57, p71, p83, p119
West, C. K.	West, C. K., p5, p7, p8
Western Association of Schools and Colleges	美国西部院校联盟,p61; 美国西部院校联盟高级学院委员会,p62
Western Governors University (WGU)	西部州长大学: 西部州长大学认证,p38-39,p61; 西部州长大学的院校创新,p33,p35,p37-40,p41,p42; 西部州长大学"基于学生"的教学模式,p79-80
Wildavaky, A.	Wildavaky, A., p91
Wolanin, T. R.	Wolanin, T. R., p3, p73, p99
Workload	工作量。参见教师工作量